ŒUVRES COMPLÈTES

DE

LAMARTINE

PUBLIÉES ET INÉDITES

SECONDES
HARMONIES POÉTIQUES ET RELIGIEUSES

CONTRE LA PEINE DE MORT

SAÜL
TRAGÉDIE BIBLIQUE EN CINQ ACTES, INÉDITE

CHANT DU SACRE

TOME TROISIÈME

PARIS
CHEZ L'AUTEUR, RUE DE LA VILLE-L'ÉVÊQUE, 43

M DCCC LX

ŒUVRES COMPLÈTES

DE

LAMARTINE

—

TOME TROISIÈME

SECONDES

HARMONIES

POÉTIQUES ET RELIGIEUSES

LIVRE PREMIER

I

ENCORE UN HYMNE

I

ENCORE UN HYMNE

Encore un hymne, ô ma lyre !
Un hymne pour le Seigneur,
Un hymne dans mon délire,
Un hymne dans mon bonheur !

Oh ! qui me prêtera le regard de l'aurore,
Les ailes de l'oiseau, le vol de l'aquilon ?
Pourquoi ? — Pour te trouver, toi que mon âme adore,
Toi qui n'as ni séjour, ni symbole, ni nom !

Qu'ils sont heureux les sons qui partent de ma lyre!
D'un vol mélodieux ils s'élèvent vers toi;
Ils montent d'eux-mêmes au Dieu qui les inspire :
   Et moi, Seigneur, et moi,
Je reste où je languis, je reste où je soupire!

   Encore un hymne, ô ma lyre!
   Un hymne pour le Seigneur,
   Un hymne dans mon délire,
   Un hymne dans mon bonheur!

Esprits qui balancez les astres sur nos têtes,
Vous qui vivez de feu comme nous vivons d'air;
Anges qui respirez le tonnerre et l'éclair,
Soleil, foudres, rayons, cieux étoilés, tempêtes,
   Parlez : est-il où vous êtes?
   Dans tes abîmes, ô mer?

J'étais né pour briller où vous brillez vous-même,
Pour respirer là-haut ce que vous respirez,
Pour m'enivrer du jour dont vous vous enivrez,
Pour voir et réfléchir cette beauté suprême
Dont les yeux ici-bas sont en vain altérés!
Mon âme a l'œil de l'aigle, et mes fortes pensées,
Au but de leurs désirs volant comme des traits,
Chaque fois que mon sein respire, plus pressées
   Que les colombes des forêts,
Montent, montent toujours par d'autres remplacées,
   Et ne redescendent jamais.

Les reverrai-je un jour? Mon Dieu! reviendront-elles,
Ainsi que le ramier qui traversa les flots,
M'apporter un rameau des palmes immortelles,
Et me dire : « Là-haut est un nid pour nos ailes,
  Une terre, un lieu de repos? »

  Encore un hymne, ô ma lyre!
  Un hymne pour le Seigneur,
  Un hymne dans mon délire,
  Un hymne dans mon bonheur!

Mon âme est un torrent qui descend des montagnes,
Et qui roule sans fin ses vagues sans repos
A travers les vallons, les plaines, les campagnes,
  Où leur pente entraîne ses flots.
Il fuit quand le jour meurt, il fuit quand naît l'aurore;
La nuit revient, il fuit; le jour, il fuit encore.
Rien ne peut ni tarir ni suspendre son cours;
Jusqu'à ce qu'à la mer, où ses ondes sont nées,
Il rende en murmurant ses vagues déchaînées,
Et se repose enfin en elle, et pour toujours!

  Mon âme est un vent de l'aurore
  Qui s'élève avec le matin,
  Qui brûle, renverse, dévore
  Tout ce qu'il trouve en son chemin.
  Rien n'entrave son vol rapide :
Il fait trembler la tour comme la feuille aride,
Et le mât du vaisseau comme un roseau pliant;

Il roule en plis de feu le tonnerre et la nue,
Et quand il a passé, laisse la terre nue
   Comme la main du mendiant;
Jusqu'à ce qu'épuisé de sa fuite éternelle,
Et, comme un doux ramier de sa course lassé,
   Il vienne fermer son aile
   Dans la main qui l'a lancé.
Toi qui donnes sa pente au torrent des collines,
Toi qui prêtes son aile au vent pour s'exhaler,
Où donc es-tu, Seigneur? Parle : où faut-il aller?
   N'est-il pas des ailes divines,
Pour que mon âme aussi puisse enfin s'envoler?

   Encore un hymne, ô ma lyre!
   Un hymne pour le Seigneur,
   Un hymne dans mon délire,
   Un hymne dans mon bonheur!

   Je voudrais être la poussière
   Que le vent dérobe au sillon,
La feuille que l'automne enlève en tourbillon,
   Le premier reflet de l'aurore,
   L'atome flottant de lumière
Qui remonte le soir aux bords de l'horizon,
   Le son lointain qui s'évapore,
   L'éclair, le regard, le rayon,
L'étoile qui se perd dans ce ciel diaphane,
   Ou l'aigle qui va le braver,
Tout ce qui monte enfin, ou vole, ou flotte, ou plane,
Pour me perdre, Seigneur, me perdre, ou te trouver!

Encore un hymne, ô ma lyre !
Encore un hymne au Seigneur,
Un hymne dans mon délire,
Un hymne dans mon bonheur !

COMMENTAIRE

DE LA PREMIÈRE HARMONIE

Écrite à Florence en 1828. A l'heure où la chancellerie de l'ambassade se fermait, après les dépêches écrites, je montais à cheval sur le quai de l'*Arno;* je sortais de la ville par une de ces belles portes antiques qui conduisent aux campagnes voisines; j'errais seul entre les haies de figuiers, d'oliviers, de cyprès, qui revêtent ces collines d'une draperie un peu pâle, mais douce aux yeux, et j'écoutais en moi les inspirations fugitives, mais presque toujours pieuses, qui me montaient de cette terre au cœur. Le soleil couché, je rentrais par les longues rues sombres, pavées de dalles retentissantes, et toutes embaumées par l'odeur de résine qui s'exhale des charpentes des maisons et des palais de Florence, faites de bois de cyprès. J'écrivais alors, de temps en temps, quelques-unes des inspirations qui m'étaient restées dans la mémoire; puis j'allais au théâtre assoupir mon âme et laisser ravir mes sens aux sons de la poésie de Rossini, ce cantique sans paroles dont une seule note vaut tous nos vers.

J'avais connu *Rossini* en 1820, à Naples, pendant la révolution, chez la jeune duchesse d'Albe. Il était alors pauvre et obscur, deviné plutôt que célèbre par quelques âmes pressentantes qui avaient entendu ses premières mélodies à *San-Carlo*. J'étais du nombre, mais je ne connaissais de lui que son nom.

Un soir, en entrant dans le salon plein de foule de la duchesse d'Albe, un beau jeune homme au visage mâle, à l'œil mélancolique, mais ferme comme celui d'un homme qui a la conscience que sa tristesse est un génie, s'avança vers moi sans être présenté. Il me tendit une main fraternelle, avec un geste à la fois hardi et bienveillant; puis, d'une voix sonore, concentrée, tragique, mais avec un accent légèrement transalpin, il me récita quelques strophes de la Méditation intitulée *le Désespoir*, qui venait de paraître à Paris, et qui finit ainsi :

> Jusqu'à ce que la mort, ouvrant son aile immense,
> Engloutisse à jamais dans l'éternel silence
>   L'éternelle douleur !

puis il se nomma.

Je fus bien fier d'entendre mes propres accents dans la bouche de celui qui remplissait des siens mon oreille et l'oreille de l'Europe. Nous causâmes; il me confia que ses sublimes ouvrages, payés seulement d'enthousiasme sur les théâtres de l'Italie, laissaient sa mère et lui dans un état de fortune insuffisant et précaire. Je l'engageai à aller à Paris et à Londres, centres du monde artistique, d'où sa renommée retentirait bien mieux que de l'extrémité de l'Italie. Malheureusement il m'écouta. Je me reprocherai toujours ce conseil : c'était l'engager à sacrifier aux barbares. Il y trouva la fortune, il y popularisa son génie; mais il altéra peut-être ce génie par la nécessité de complaire au goût bien plus dramatique que musical de la France. Les vagues de la mer de Naples, les brises des pins sur les collines de Rome, les pêcheurs de Sorrente ou de Gaëte, les jeunes filles des îles et les bergers des montagnes baignées du soleil de la Méditerranée, chantent bien autrement que les vagues de la Seine, les boues de Paris, les pluies de Londres. C'était enlever l'arbre à son sol, l'insecte au soleil de son bourdonnement, le génie local à son inspiration naturelle et continue. Ce conseil a coûté, je n'en doute pas, de bien suaves mélodies au monde des sons.

Rossini, comme le rossignol, a cessé de chanter dans son été; il s'est retiré dans sa force et dans sa gloire; il a toujours monté, et n'a pas voulu descendre : mais qui sait combien il avait encore à monter? Il y a de la sagesse, mais il y a aussi de la recherche dans ce repos prématuré. L'instrument de Dieu doit résonner jusqu'à ce qu'il se brise; ce n'est pas à lui de dire : « C'est assez! » c'est au Maître divin.

Maintenant Rossini vit heureux, riche et indifférent, à Bologne; et moi j'essuie encore les ondées, les orages et les poussières du chemin de la vie ! S'il lit jamais ces lignes, qu'il donne un souvenir au jeune étranger du salon de la duchesse d'Albe, comme j'envoie un perpétuel hommage au plus délicieux génie du temps.

II

MILLY

OU

LA TERRE NATALE

II

MILLY

ou

LA TERRE NATALE

Pourquoi le prononcer ce nom de la patrie?
Dans son brillant exil mon cœur en a frémi;
Il résonne de loin dans mon âme attendrie,
Comme les pas connus ou la voix d'un ami.

Montagnes que voilait le brouillard de l'automne,
Vallons que tapissait le givre du matin,
Saules dont l'émondeur effeuillait la couronne,
Vieilles tours que le soir dorait dans le lointain,

Murs noircis par les ans, coteaux, sentier rapide,
Fontaine où les pasteurs accroupis tour à tour
Attendaient goutte à goutte une eau rare et limpide,
Et, leur urne à la main, s'entretenaient du jour;

Chaumière où du foyer étincelait la flamme,
Toit que le pèlerin aimait à voir fumer,
Objets inanimés, avez-vous donc une âme
Qui s'attache à notre âme et la force d'aimer?

J'ai vu des cieux d'azur, où la nuit est sans voiles,
Dorés jusqu'au matin sous les pieds des étoiles,
Arrondir sur mon front, comme un arc infini,
Leur dôme de cristal qu'aucun vent n'a terni;
J'ai vu des monts voilés de citrons et d'olives
Réfléchir dans les eaux leurs ombres fugitives,
Et dans leurs frais vallons, au souffle du zéphyr,
Bercer sur l'épi mûr le cep prêt à mûrir;
Sur des bords où les mers ont à peine un murmure,
J'ai vu des flots brillants l'onduleuse ceinture
Presser et relâcher dans l'azur de ses plis
De leurs caps dentelés les contours assouplis,
S'étendre dans le golfe en nappes de lumière,
Blanchir l'écueil fumant de gerbes de poussière,
Porter dans le lointain d'un occident vermeil
Des îles qui semblaient le lit d'or du soleil,
Ou, s'ouvrant devant moi sans rideau, sans limite,
Me montrer l'infini que le mystère habite;
J'ai vu ces fiers sommets, pyramides des airs,
Où l'été repliait le manteau des hivers,
Jusqu'au sein des vallons descendant par étages,
Entrecouper leurs flancs de hameaux et d'ombrages.

De pics et de rochers ici se hérisser,
En pentes de gazon plus loin fuir et glisser,
Lancer en arcs fumants, avec un bruit de foudre,
Leurs torrents en écume et leurs fleuves en poudre,
Sur leurs flancs éclairés, obscurcis tour à tour,
Former des vagues d'ombre et des îles de jour,
Creuser de frais vallons que la pensée adore,
Remonter, redescendre, et remonter encore,
Puis des derniers degrés de leurs vastes remparts,
A travers les sapins et les chênes épars,
Dans le miroir des lacs qui dorment sous leur ombre
Jeter leurs reflets verts ou leur image sombre,
Et sur le tiède azur de ces limpides eaux
Faire onduler leur neige et flotter leurs coteaux ;
J'ai visité ces bords et ce divin asile
Qu'a choisis pour dormir l'ombre du doux Virgile,
Ces champs que la Sibylle à ses yeux déroula,
Et Cume, et l'Élysée : et mon cœur n'est pas là!...

Mais il est sur la terre une montagne aride
Qui ne porte en ses flancs ni bois ni flot limpide,
Dont par l'effort des ans l'humble sommet miné,
Et sous son propre poids jour par jour incliné,
Dépouillé de son sol fuyant dans les ravines,
Garde à peine un buis sec qui montre ses racines,
Et se couvre partout de rocs prêts à crouler,
Que sous son pied léger le chevreau fait rouler.
Ces débris, par leur chute, ont formé d'âge en âge
Un coteau qui décroît, et, d'étage en étage,
Porte, à l'abri des murs dont ils sont étayés,
Quelques avares champs de nos sueurs payés,
Quelques ceps dont les bras, cherchant en vain l'érable,
Serpentent sur la terre ou rampent sur le sable,

Quelques buissons de ronce, où l'enfant des hameaux
Cueille un fruit oublié, qu'il dispute aux oiseaux;
Où la maigre brebis des chaumières voisines
Broute, en laissant sa laine en tribut aux épines:
Lieux que ni le doux bruit des eaux pendant l'été,
Ni le frémissement du feuillage agité,
Ni l'hymne aérien du rossignol qui veille,
Ne rappellent au cœur, n'enchantent pour l'oreille;
Mais que, sous les rayons d'un ciel toujours d'airain,
La cigale assourdit de son cri souterrain.
Il est dans ces déserts un toit rustique et sombre
Que la montagne seule abrite de son ombre,
Et dont les murs, battus par la pluie et les vents,
Portent leur âge écrit sur la mousse des ans.
Sur le seuil désuni de trois marches de pierre,
Le hasard a planté les racines d'un lierre
Qui, redoublant cent fois ses nœuds entrelacés,
Cache l'affront du temps sous ses bras élancés,
Et, recourbant en arc sa volute rustique,
Fait le seul ornement du champêtre portique.
Un jardin qui descend au revers d'un coteau,
Y présente au couchant son sable altéré d'eau;
La pierre sans ciment, que l'hiver a noircie,
En borne tristement l'enceinte rétrécie;
La terre, que la bêche ouvre à chaque saison,
Y montre à nu son sein sans ombre et sans gazon;
Ni tapis émaillés, ni cintres de verdure,
Ni ruisseau sous des bois, ni fraîcheur, ni murmure;
Seulement sept tilleuls par le soc oubliés,
Protégeant un peu d'herbe étendue à leurs pieds,
Y versent dans l'automne une ombre tiède et rare,
D'autant plus douce au front sous un ciel plus avare;
Arbres dont le sommeil et des songes si beaux
Dans mon heureuse enfance habitaient les rameaux!

Dans le champêtre enclos qui soupire après l'onde,
Un puits dans le rocher cache son eau profonde,
Où le vieillard qui puise, après de longs efforts
Dépose en gémissant son urne sur les bords;
Une aire où le fléau sur l'argile étendue
Bat à coups cadencés la gerbe répandue,
Où la blanche colombe et l'humble passereau
Se disputent l'épi qu'oublia le râteau;
Et sur la terre épars des instruments rustiques,
Des jougs rompus, des chars dormant sous les portiques,
Des essieux dont l'ornière a brisé les rayons,
Et des socs émoussés qu'ont usés les sillons.

Rien n'y console l'œil de sa prison stérile,
Ni les dômes dorés d'une superbe ville,
Ni le chemin poudreux, ni le fleuve lointain,
Ni les toits blanchissants aux clartés du matin :
Seulement, répandus de distance en distance,
De sauvages abris qu'habite l'indigence,
Le long d'étroits sentiers en désordre semés,
Montrent leur toit de chaume et leurs murs enfumés,
Où le vieillard, assis au bord de sa demeure,
Dans son berceau de jonc endort l'enfant qui pleure;
Enfin un sol sans ombre et des cieux sans couleur,
Et des vallons sans onde! — Et c'est là qu'est mon cœur!
Ce sont là les séjours, les sites, les rivages
Dont mon âme attendrie évoque les images,
Et dont pendant les nuits mes songes les plus beaux,
Pour enchanter mes yeux, composent leurs tableaux!

Là chaque heure du jour, chaque aspect des montagnes,
Chaque son qui le soir s'élève des campagnes,

Chaque mois qui revient, comme un pas des saisons,
Reverdir ou faner les bois ou les gazons ;
La lune qui décroît et s'arrondit dans l'ombre,
L'étoile qui gravit sur la colline sombre,
Les troupeaux, des hauts lieux chassés par les frimas,
Des coteaux aux vallons descendant pas à pas,
Le vent, l'épine en fleurs, l'herbe verte ou flétrie,
Le soc dans le sillon, l'onde dans la prairie,
Tout m'y parle une langue aux intimes accents,
Dont les mots entendus dans l'âme et dans les sens
Sont des bruits, des parfums, des foudres, des orages,
Des rochers, des torrents, et ces douces images,
Et ces vieux souvenirs dormant au fond de nous,
Qu'un site nous conserve et qu'il nous rend plus doux.
Là mon cœur en tout lieu se retrouve lui-même ;
Tout s'y souvient de moi, tout m'y connaît, tout m'aime !
Mon œil trouve un ami dans tout cet horizon ;
Chaque arbre a son histoire, et chaque pierre un nom.
Qu'importe que ce nom, comme Thèbe ou Palmyre,
Ne nous rappelle pas les fastes d'un empire,
Le sang humain versé pour le choix des tyrans,
Ou ces fléaux de Dieu que l'homme appelle grands ?
Ce site où la pensée a rattaché sa trame,
Ces lieux encor tout pleins des fastes de notre âme,
Sont aussi grands pour nous que ces champs du destin
Où naquit, où tomba quelque empire incertain :
Rien n'est vil ! rien n'est grand ! l'âme en est la mesure.
Un cœur palpite au nom de quelque humble masure,
Et sous les monuments des héros et des dieux
Le pasteur passe et siffle en détournant les yeux.

Voilà le banc rustique où s'asseyait mon père,
La salle où résonnait sa voix mâle et sévère,

Quand les pasteurs assis sur leurs socs renversés
Lui comptaient les sillons par chaque heure tracés,
Ou qu'encor palpitant des scènes de sa gloire,
De l'échafaud des rois il nous disait l'histoire,
Et, plein du grand combat qu'il avait combattu,
En racontant sa vie enseignait la vertu !
Voilà la place vide où ma mère à toute heure
Au plus léger soupir sortait de sa demeure,
Et, nous faisant porter ou la laine ou le pain,
Revêtait l'indigence ou nourrissait la faim ;
Voilà les toits de chaume où sa main attentive
Versait sur la blessure ou le miel ou l'olive,
Ouvrait près du chevet des vieillards expirants
Ce livre où l'espérance est permise aux mourants,
Recueillait leurs soupirs sur leur bouche oppressée,
Faisait tourner vers Dieu leur dernière pensée,
Et, tenant par la main les plus jeunes de nous,
A la veuve, à l'enfant, qui tombaient à genoux,
Disait, en essuyant les pleurs de leurs paupières :
« Je vous donne un peu d'or, rendez-leur vos prières ! »
Voilà le seuil, à l'ombre, où son pied nous berçait,
La branche du figuier que sa main abaissait ;
Voici l'étroit sentier où, quand l'airain sonore
Dans le temple lointain vibrait avec l'aurore,
Nous montions sur sa trace à l'autel du Seigneur
Offrir deux purs encens, innocence et bonheur !
C'est ici que sa voix pieuse et solennelle
Nous expliquait un Dieu que nous sentions en elle,
Et, nous montrant l'épi dans son germe enfermé,
La grappe distillant son breuvage embaumé,
La génisse en lait pur changeant le suc des plantes,
Le rocher qui s'entr'ouvre aux sources ruisselantes,
La laine des brebis dérobée aux rameaux
Servant à tapisser les doux nids des oiseaux,

Et le soleil exact à ses douze demeures
Partageant aux climats les saisons et les heures,
Et ces astres des nuits que Dieu seul peut compter,
Mondes où la pensée ose à peine monter,
Nous enseignait la foi par la reconnaissance,
Et faisait admirer à notre simple enfance
Comment l'astre et l'insecte invisible à nos yeux
Avaient, ainsi que nous, leur père dans les cieux !

Ces bruyères, ces champs, ces vignes, ces prairies,
Ont tous leurs souvenirs et leurs ombres chéries.
Là mes sœurs folâtraient, et le vent dans leurs jeux
Les suivait en jouant avec leurs blonds cheveux ;
Là, guidant les bergers aux sommets des collines,
J'allumais des bûchers de bois mort et d'épines,
Et mes yeux, suspendus aux flammes du foyer,
Passaient heure après heure à les voir ondoyer.
Là, contre la fureur de l'aquilon rapide,
Le saule caverneux nous prêtait son tronc vide,
Et j'écoutais siffler dans son feuillage mort
Des brises dont mon âme a retenu l'accord.
Voilà le peuplier qui, penché sur l'abîme,
Dans la saison des nids nous berçait sur sa cime,
Le ruisseau dans les prés dont les dormantes eaux
Submergeaient lentement nos barques de roseaux,
Le chêne, le rocher, le moulin monotone,
Et le mur au soleil où, dans les jours d'automne,
Je venais sur la pierre, assis près des vieillards,
Suivre le jour qui meurt de mes derniers regards.
Tout est encore debout, tout renaît à sa place ;
De nos pas sur le sable on suit encor la trace ;
Rien ne manque à ces lieux qu'un cœur pour en jouir :
Mais, hélas ! l'heure baisse, et va s'évanouir !

La vie a dispersé, comme l'épi sur l'aire,
Loin du champ paternel les enfants et la mère,
Et ce foyer chéri ressemble aux nids déserts
D'où l'hirondelle a fui pendant de longs hivers.
Déjà l'herbe qui croît sur les dalles antiques
Efface autour des murs les sentiers domestiques,
Et le lierre, flottant comme un manteau de deuil,
Couvre à demi la porte et rampe sur le seuil ;
Bientôt peut-être... — Écarte, ô mon Dieu, ce présage !
Bientôt un étranger, inconnu du village,
Viendra, l'or à la main, s'emparer de ces lieux,
Qu'habite encor pour nous l'ombre de nos aïeux,
Et d'où nos souvenirs des berceaux et des tombes
S'enfuiront à sa voix, comme un nid de colombes
Dont la hache a fauché l'arbre dans les forêts,
Et qui ne savent plus où se poser après !

Ne permets pas, Seigneur, ce deuil et cet outrage !
Ne souffre pas, mon Dieu, que notre humble héritage
Passe de mains en mains, troqué comme un vil prix,
Comme le toit du vice ou le champ des proscrits ;
Qu'un avide étranger vienne d'un pied superbe
Fouler l'humble sillon de nos berceaux sur l'herbe,
Dépouiller l'orphelin, grossir, compter son or
Aux lieux où l'indigence avait seule un trésor,
Et blasphémer ton nom sous ces mêmes portiques
Où ma mère à nos voix enseignait des cantiques !
Ah ! que plutôt cent fois, aux vents abandonné,
Le toit pende en lambeaux sur le mur incliné ;
Que les fleurs du tombeau, les mauves, les épines,
Sur les parvis brisés germent dans les ruines ;
Que le lézard dormant s'y réchauffe au soleil,
Que Philomèle y chante aux heures du sommeil,

Que l'humble passereau, les colombes fidèles,
Y rassemblent en paix leurs petits sous leurs ailes,
Et que l'oiseau du ciel vienne bâtir son nid
Aux lieux où l'innocence eut autrefois son lit !

Ah ! si le nombre écrit sous l'œil des destinées
Jusqu'aux cheveux blanchis prolonge mes années,
Puissé-je, heureux vieillard, y voir baisser mes jours
Parmi ces monuments de mes simples amours !
Et quand ces toits bénis et ces tristes décombres
Ne seront plus pour moi peuplés que par des ombres,
Y retrouver au moins dans les noms, dans les lieux,
Tant d'êtres adorés disparus de mes yeux !
Et vous, qui survivrez à ma cendre glacée,
Si vous voulez charmer ma dernière pensée,
Un jour, élevez-moi... Non, ne m'élevez rien !
Mais, près des lieux où dort l'humble espoir du chrétien,
Creusez-moi dans ces champs la couche que j'envie,
Et ce dernier sillon où germe une autre vie !
Étendez sur ma tête un lit d'herbes des champs
Que l'agneau du hameau broute encore au printemps,
Où l'oiseau dont mes sœurs ont peuplé ces asiles
Vienne aimer et chanter durant mes nuits tranquilles.
Là, pour marquer la place où vous m'allez coucher,
Roulez de la montagne un fragment de rocher ;
Que nul ciseau surtout ne le taille, et n'efface
La mousse des vieux jours qui brunit sa surface,
Et d'hiver en hiver incrustée à ses flancs,
Donne en lettre vivante une date à ses ans !
Point de siècle ou de nom sur cette agreste page !
Devant l'éternité tout siècle est du même âge,
Et celui dont la voix réveille le trépas
Au défaut d'un vain nom ne nous oubliera pas !

Là, sous des cieux connus, sous les collines sombres
Qui couvrirent jadis mon berceau de leurs ombres,
Plus près du sol natal, de l'air et du soleil,
D'un sommeil plus léger j'attendrai le réveil !
Là ma cendre, mêlée à la terre qui m'aime,
Retrouvera la vie avant mon esprit même,
Verdira dans les prés, fleurira dans les fleurs,
Boira des nuits d'été les parfums et les pleurs ;
Et quand du jour sans soir la première étincelle
Viendra m'y réveiller pour l'aurore éternelle,
En ouvrant mes regards je reverrai des lieux
Adorés de mon cœur et connus de mes yeux,
Les pierres du hameau, le clocher, la montagne,
Le lit sec du torrent et l'aride campagne ;
Et, rassemblant de l'œil tous les êtres chéris
Dont l'ombre près de moi dormait sous ces débris,
Avec des sœurs, un père et l'âme d'une mère,
Ne laissant plus de cendre en dépôt à la terre,
Comme le passager qui des vagues descend
Jette encore au navire un œil reconnaissant,
Nos voix diront ensemble à ces lieux pleins de charmes
L'adieu, le seul adieu qui n'aura point de larmes !

COMMENTAIRE

DE LA DEUXIÈME HARMONIE

C'est dans les *Confidences* qu'on retrouvera tout ce qui concerne cette Harmonie. J'y ai oublié seulement un trait. Le voici; il n'a d'intérêt qu'en famille.

Quand j'écrivis cette *Harmonie*, j'étais en Italie. Je l'envoyai à ma mère : elle vit que j'avais parlé d'un lierre qui tapissait, au nord, le mur humide et froid de la maison. C'était une erreur, le lierre n'existait pas; il n'y avait que de la mousse, des vignes vierges, des pariétaires. Ma mère, qui était la sincérité jusqu'au scrupule, souffrit de ce petit mensonge poétique. Elle ne voulut pas que son fils eût menti, même pour donner une couleur de plus à un tableau imaginaire; elle planta de ses propres mains un lierre à l'endroit où il manquait. Sans doute que Dieu bénit ce petit plant et que les pluies d'hiver l'arrosèrent, car, en peu d'années, il habilla complétement le mur. Ma mère mourut; le lierre grandit toujours; et maintenant il est devenu si vigoureux, si ramifié, si touffu, si usurpateur de toute la maison, qu'il fait une corniche verte et flottante au toit, et qu'il gêne les persiennes du côté du nord. Les étrangers et les paysans en coupent parfois des branches, en mémoire de ma mère; mais il en repousse suffisamment pour couvrir tout un champ des morts.

En écrivant cette note, je ne puis m'empêcher de faire un triste retour sur les vicissitudes de la vie. Le lierre restera attaché à cette maison; et les enfants seront forcés de la quitter pour jamais. Milly sera sans doute vendu dans peu de jours.

Chose étrange! le jour où j'écris cette note (24 octobre 1849), j'ouvre un journal, et j'y lis ceci : « La Porte Ottomane fait une » concession immense de terrain en Asie à M. de Lamartine, » pour un établissement agricole. » Si cela est vrai, j'irai; j'y bâtirai un toit, je l'appellerai Milly; j'y emporterai un rejet de ce lierre, je le planterai dans ce sol, et je retrouverai dans ses feuilles cette séve des larmes du cœur de ma mère, le faux *Simoïs* de Virgile!

III

INVOCATION DU POËTE

III

INVOCATION DU POËTE.

Au nom sacré du Père, et du Fils, son image,
Descends, esprit des deux, esprit qui d'âge en âge,
Des harpes de Jessé chérissant les concerts,
Par la voix de la lyre instruisis l'univers!
Soit que, te balançant sur l'aile des tempêtes,
Tu lances tes éclairs dans les yeux des prophètes;
Soit qu'aux bords du Jourdain, à l'ombre du palmier,
Tu viennes sous les traits du tranquille ramier,
Te posant sur le pied des lyres immortelles,
Sous leur souffle sacré laisser frémir tes ailes;

Soit qu'en langues de feu, dans les airs suspendu,
Sur le front de l'apôtre en secret descendu,
Tu perces tout à coup, comme un jour sans aurore,
De tes rayons divins son cœur qui doute encore.
Descends, je dois chanter! Mais que puis-je sans toi,
O langue de l'esprit? Parle toi-même en moi!
Chante ces grands secrets que ton œil seul éclaire,
L'enfance, la vieillesse et la fin de la terre,
Et les destins de l'âme, et cet arrêt fatal
Qui va finir la lutte et du bien et du mal!
Qu'importe à tes regards la distance ou l'espace?
Au signe de tes yeux le temps naît ou s'efface,
Et l'avenir tremblant, à ta voix enfanté,
Passe derrière toi comme un siècle compté.
Je tremble en commençant que ma bouche profane,
De ton divin délire indigne ou faible organe,
N'altère en les rendant tes célestes accords.
J'ai préparé pourtant et mon âme et mon corps;
Et, pour orner l'argile où tu devais descendre,
J'ai jeûné, j'ai prié, j'ai veillé sous la cendre.
Tant que les songes faux par ton souffle écartés
Ont bercé ma jeunesse au sein des vanités,
Et qu'encore amoureux d'une molle harmonie,
Par l'ombre du péché mon âme fut ternie,
Attendant dans l'effroi l'heure de son retour,
Désirant et tremblant de voir naître le jour,
Tout plein du grand objet que ta grâce m'inspire,
De peur de la souiller j'ai respecté ma lyre.
Mais maintenant qu'assis au milieu de mes jours
J'en vois une moitié s'éclipser pour toujours,
Et l'autre, se hâtant sous le temps qui la presse,
De ses derniers festons dépouiller ma jeunesse,
Il est temps! hâtons-nous de ravir à la mort
Le chant mystérieux qui sur ma harpe dort!

Que le feu dont la flamme éclaire et purifie
Le charbon qui brûla les lèvres d'Isaïe,
D'une bouche mortelle épure les accents,
Et que nos chants vers Dieu montent comme l'encens!

IV

LE CRI DE L'AME

IV

LE CRI DE L'AME

Quand le souffle divin qui flotte sur le monde
S'arrête sur mon âme ouverte au moindre vent,
Et la fait tout à coup frissonner comme une onde
Où le cygne s'abat dans un cercle mouvant;

Quand mon regard se plonge au rayonnant abîme
Où luisent ces trésors du riche firmament,
Ces perles de la nuit que son souffle ranime,
Des sentiers du Seigneur innombrable ornement;

Quand d'un ciel de printemps l'aurore qui ruisselle
Se brise et rejaillit en gerbes de chaleur,
Que chaque atome d'air roule son étincelle,
Et que tout sous mes pas devient lumière ou fleur;

Quand tout chante ou gazouille, ou roucoule ou bourdonne,
Que d'immortalité tout semble se nourrir,
Et que l'homme, ébloui de cet air qui rayonne,
Croit qu'un jour si vivant ne pourra plus mourir;

Que je roule en mon sein mille pensers sublimes,
Et que mon faible esprit, ne pouvant les porter,
S'arrête en frissonnant sur les derniers abîmes,
Et, faute d'un appui, va s'y précipiter;

Quand, dans le ciel d'amour où mon âme est ravie,
Je presse sur mon cœur un fantôme adoré,
Et que je cherche en vain des paroles de vie
Pour l'embraser du feu dont je suis dévoré;

Quand je sens qu'un soupir de mon âme oppressée
Pourrait créer un monde en son brûlant essor,
Que ma vie userait le temps, que ma pensée
En remplissant le ciel déborderait encor :

Jéhovah! Jéhovah, ton nom seul me soulage,
Il est le seul écho qui réponde à mon cœur;
Ou plutôt ces élans, ces transports sans langage,
Sont encore un écho de ta propre grandeur.

Tu ne dors pas souvent dans mon sein, nom sublime!
Tu ne dors pas souvent sur mes lèvres de feu:
Mais chaque impression t'y trouve et t'y ranime,
Et le cri de mon âme est toujours toi, mon Dieu!

V

HYMNE AU CHRIST

V

HYMNE AU CHRIST

A M. MANZONI

    Verbe incréé, source féconde
    De justice et de liberté ;
    Parole qui guéris le monde,
    Rayon vivant de vérité,
Est-il vrai que ta voix d'âge en âge entendue,
Pareille au bruit lointain qui meurt dans l'étendue,
N'a plus pour nous guider que des sons impuissants ;
    Et qu'une voix plus souveraine,
    La voix de la parole humaine,
    Étouffe à jamais tes accents ?

Mais la raison c'est toi; mais cette raison même,
Qu'était-elle avant l'heure où tu vins l'éclairer?
Nuage, obscurité, doute, combat, système,
Flambeau que notre orgueil portait pour s'égarer!

Le monde n'était que ténèbres,
Les doctrines sans foi luttaient comme des flots,
Et, trompé, détrompé de leurs clartés funèbres,
L'esprit humain flottait noyé dans ce chaos;
L'espérance ou la peur, au gré de leurs caprices,
Ravageaient tour à tour et repeuplaient les cieux;
La fourbe s'engraissait du sang des sacrifices,
Mille dieux attestaient l'ignorance des dieux.
    Fouillez les cendres de Palmyre,
    Fouillez les limons d'Osiris
    Et ces panthéons où respire
L'ombre fétide encor de tous ces dieux proscrits;
    Tirez de la fange ou de l'herbe,
Tirez ces dieux moulés, fondus, taillés, pétris,
Ces monstres mutilés, ces symboles flétris,
Et dites ce qu'était cette raison superbe
    Quand elle adorait ces débris!

Ne sachant plus nommer les exploits ou les crimes,
Les noms tombaient du sort comme au hasard jetés;
La gloire suffisait aux âmes magnanimes,
    Et les vertus les plus sublimes
    N'étaient que des vices dorés.

    Tu parais! ton verbe vole,
    Comme autrefois la parole

Qu'entendit le noir chaos
De la nuit tira l'aurore,
Des cieux sépara les flots,
Et du nombre fit éclore
L'harmonie et le repos ;
Ta parole créatrice
Sépare vertus et vice,
Mensonges et vérité ;
Le maître apprend la justice,
L'esclave la liberté,
L'indigent le sacrifice,
Le riche la charité !
Un Dieu créateur et père,
En qui l'innocence espère,
S'abaisse jusqu'aux mortels ;
La prière, qu'il appelle,
S'élève à lui libre et belle,
Sans jamais souiller son aile
Des holocaustes cruels.
Nos iniquités, nos crimes,
Nos désirs illégitimes,
Voilà les seules victimes
Qu'on immole à ses autels !
L'immortalité se lève,
Et brille au delà des temps ;
L'espérance, divin rêve,
De l'exil que l'homme achève
Abrége les courts instants ;
L'amour céleste soulève
Nos fardeaux les plus pesants ;
Le siècle éternel commence,
Le juste a sa conscience,
Le remords son innocence ;
L'humble foi fait la science

Des sages et des enfants;
Et l'homme, qu'elle console,
Dans cette seule parole
Se repose deux mille ans!

Et l'esprit, éclairé par tes lois immortelles,
Dans la sphère morale où tu guidas nos yeux
Découvrit tout à coup plus de vertus nouvelles
Que, le jour où d'Herschel le verre audacieux
Porta l'œil étonné dans les célestes routes,
Le regard qui des nuits interroge les voûtes
Ne vit d'astres nouveaux pulluler dans les cieux!

———

Non, jamais de ces feux qui roulent sur nos têtes,
Jamais de ce Sina qu'embrasaient les tempêtes,
Jamais de cet Horeb, trône de Jéhova,
   Aux yeux des siècles n'éclata
Un foyer de clarté plus vive et plus féconde
Que cette vérité qui jaillit sur le monde,
   Des collines de Golgotha!

L'astre qu'à ton berceau le mage vit éclore,
L'étoile qui guida les bergers de l'aurore
Vers le Dieu couronné d'indigence et d'affront,
Répandit sur la terre un jour qui luit encore,
Que chaque âge à son tour reçoit, bénit, adore,
Qui dans la nuit des temps jamais ne s'évapore,
Et ne s'éteindra pas quand les cieux s'éteindront!

Ils disent cependant que cet astre se voile ;
Que les clartés du siècle ont vaincu cette étoile ;
Que ce monde vieilli n'a plus besoin de toi ;
Que la raison est seule immortelle et divine ;
Que la rouille des temps a rongé ta doctrine,
Et que de jour en jour de ton temple en ruine
Quelque pierre, en tombant, déracine ta foi.

O Christ, il est trop vrai, ton éclipse est bien sombre !
La terre sur ton astre a projeté son ombre ;
Nous marchons dans un siècle où tout tombe à grand bruit :
Vingt siècles écroulés y mêlent leur poussière.
Fables et vérités, ténèbres et lumière
Flottent confusément devant notre paupière,
Et l'un dit : « C'est le jour ! » et l'autre : « C'est la nuit ! »

———

Comme un rayon du ciel qui perce les nuages,
En traversant la fange et la nuit des vieux âges,
Ta parole a subi nos profanations :
L'œil impur des mortels souillerait le jour même !
L'imposture a terni la vérité suprême,
Et les tyrans, prenant ta foi pour diadème,
Ont doré de ton nom le joug des nations !

Mais, pareille à l'éclair qui, tombant sur la terre,
Remonte au firmament sans qu'une ombre l'altère,
L'homme n'a pu souiller ta loi de vérité.
L'ignorance a terni tes lumières sublimes,
La haine a confondu tes vertus et nos crimes,

Les flatteurs aux tyrans ont vendu tes maximes
Elle est encor justice, amour et liberté !

Et l'aveugle raison demande quels miracles
De cette loi vieillie attestent les oracles !
Ah ! le miracle est là, permanent et sans fin,
Que cette vérité par ces flots d'impostures,
Que ce flambeau brillant par tant d'ombres obscures,
Que ce verbe incréé, par nos lèvres impures
Ait passé deux mille ans, et soit encor divin !

Que d'ombres ! dites-vous. — Mais, ô flambeau des âges,
Tu n'avais pas promis des astres sans nuages !
L'œil humain n'est pas fait pour la pure clarté :
Point de jour ici-bas qu'un peu d'ombre n'altère ;
De sa propre splendeur Dieu se voile à la terre,
Et ce n'est qu'à travers la nuit et le mystère
Que l'œil peut voir le jour, l'âme la vérité !

Un siècle naît et parle, un cri d'espoir s'élève ;
Le genre humain déçu voit lutter rêve et rêve,
Système, opinions, dogmes, flux et reflux ;
Cent ans passent ; le Temps, comme un nuage vide,
Les roule avec l'oubli sous son aile rapide.
Quand il a balayé cette poussière aride,
Que reste-t-il du siècle ? Un mensonge de plus !

Mais l'ère où tu naquis, toujours, toujours nouvelle,
Luit au-dessus de nous comme une ère éternelle ;
Une moitié des temps pâlit à ce flambeau,

L'autre moitié s'éclaire au jour de tes symboles;
Deux mille ans, épuisant leurs sagesses frivoles,
N'ont pas pu démentir une de tes paroles,
Et toute vérité date de ton berceau!

———

Et c'est en vain que l'homme, ingrat et las de croire,
De ses autels brisés et de son souvenir
Comme un songe importun veut enfin te bannir :
Tu règnes malgré lui jusque dans sa mémoire,
Et, du haut d'un passé rayonnant de ta gloire,
Tu jettes ta splendeur au dernier avenir.
Lumière des esprits, tu pâlis, ils pâlissent!
Fondement des États, tu fléchis, ils fléchissent!
Séve du genre humain, il tarit si tu meurs!
Racine de nos lois dans le sol enfoncée,
Partout où tu languis on voit languir les mœurs;
Chaque fibre à ton nom s'émeut dans tous les cœurs,
Et tu revis partout, jusque dans la pensée,
  Jusque dans la haine insensée
  De tes ingrats blasphémateurs!

  Phare élevé sur des rivages
  Que le temps n'a pu foudroyer,
  Les lumières de tous les âges
  Se concentrent dans ton foyer.
  Consacrant l'humaine mémoire,
  Tu guides les yeux de l'histoire
  Jusqu'à la source d'où tout sort:
  Les sept jours n'ont plus de mystère,
  Et l'homme sait pourquoi la terre
  Lutte entre la vie et la mort!

Ton pouvoir n'est plus le caprice
Des démagogues et des rois;
Il est l'éternelle justice
Qui se réfléchit dans nos lois!
Ta vertu n'est plus ce problème,
Rêve qui se nourrit soi-même
D'orgueil et d'immortalité :
Elle est l'holocauste sublime
D'une volonté magnanime
A l'éternelle volonté!

Ta vérité n'est plus ce prisme
Où des temps chaque erreur a lui,
L'éclair qui jaillit du sophisme
Et s'évanouit avec lui!
Rayon de l'aurore éternelle,
Pure, féconde, universelle,
Elle éclaire tous les vivants;
Sublime égalité des âmes,
Pour les sages foudres et flammes,
Ombre et voile à l'œil des enfants!

Aliment qui contient la vie,
Chaleur dont le foyer est Dieu,
Germe qui croît et fructifie,
Ton verbe la sème en tout lieu.
Vérité palpable et pratique,
L'amour divin la communique
De l'œil à l'œil, du cœur au cœur;
Et, sans proférer de paroles,
Des actions sont ses symboles,
Et des vertus sont sa splendeur!

Chaque instinct à ton joug nous lie;
L'homme naît, vit, meurt avec toi :
Chacun des anneaux de sa vie,
O Christ, est rivé par ta foi !
Souffrant, ses pleurs sont une offrande;
Heureux, son bonheur te demande
De bénir sa prospérité;
Et le mourant que tu consoles
Franchit, armé de tes paroles,
L'ombre de l'immortalité !

Tu gardes, quand l'homme succombe,
Sa mémoire après le trépas,
Et tu rattaches à la tombe
Les liens brisés ici-bas;
Les pleurs tombés de la paupière
Ne mouillent plus la froide pierre;
Mais, de ces larmes s'abreuvant,
La prière, union suprême,
Porte la paix au mort qu'elle aime,
Rapporte l'espoir au vivant !

Prix divin de tout sacrifice,
Tout bien se nourrit de ta foi :
De quelque mal qu'elle gémisse,
L'humanité se tourne à toi.
Si je demande à chaque obole,
A chaque larme qui console,
A chaque généreux pardon,
A chaque vertu qu'on me nomme :
En quel nom consolez-vous l'homme?
Ils me répondent : « En son nom! »

C'est toi dont la pitié plus tendre
Verse l'aumône à pleines mains,
Guide l'aveugle, et vient attendre
Le voyageur sur les chemins ;
C'est toi qui, dans l'asile immonde
Où les déshérités du monde
Viennent pour pleurer et souffrir,
Donne au vieillard de saintes filles,
A l'enfant sans nom des familles,
Au malade un lit pour mourir !

Tu vis dans toutes les reliques :
Temple debout et renversé,
Autels, colonnes, basiliques,
Tout est à toi dans le passé !
Tout ce que l'homme élève encore,
Toute demeure où l'on adore,
Tout est à toi dans l'avenir !
Les siècles n'ont pas de poussière,
Les collines n'ont pas de pierre
Qui ne porte ton souvenir.

Enfin, vaste et puissante idée,
Plus forte que l'esprit humain,
Toute âme est pleine, est obsédée
De ton nom qu'elle évoque en vain !
Préférant ses doutes funèbres,
L'homme amasse en vain les ténèbres,
Partout ta splendeur le poursuit ;
Et, comme au jour qui nous éclaire,
Le monde ne peut s'y soustraire
Qu'en se replongeant dans la nuit !

Et tu meurs? Et ta foi dans un lit de nuages
S'enfonce pour jamais sous l'horizon des âges,
Comme un de ces soleils que le ciel a perdus,
Dont l'astronome dit : « C'était là qu'il n'est plus! »
Et les fils de nos fils, dans les lointaines ères,
Feraient aussi leur fable avec tes saints mystères,
Et parleraient un jour de l'Homme de la croix
Comme des dieux menteurs disparus à ta voix,
De ces porteurs de foudre ou du vil caducée,
Rêves dont au réveil a rougi la pensée?

Mais tous ces dieux, ô Christ, n'avaient rien apporté
Qu'une ombre plus épaisse à notre obscurité;
Mais, du délire humain lâche et honteux symbole,
Ils croulèrent au bruit de ta sainte parole;
Mais tu venais asseoir sur leur trône abattu
Le Dieu de vérité, de grâce et de vertu!
Leurs lois se trahissaient devant les lois chrétiennes :
Mais où sont les vertus qui démentent les tiennes?
Pour éclipser ton jour quel jour nouveau paraît?
Toi qui les remplaças, qui te remplacerait?

Ah! qui sait si cette ombre où pâlit ta doctrine
Est une décadence — ou quelque nuit divine,
Quelque nuage faux prêt à se déchirer,
Où ta foi va monter et se transfigurer,
Comme aux jours de ta vie humaine et méconnue
Tu te transfiguras toi-même dans la nue,
Quand, ta divinité reprenant son essor,
Un jour sorti de toi revêtit le Thabor,

Dans ton vol glorieux te balança sans ailes,
Éblouit les regards des disciples fidèles,
Et, pour les consoler de ton prochain adieu,
Homme prêt à mourir, te montra déjà Dieu?

———

Oui, de quelque faux nom que l'avenir te nomme,
Nous te saluons Dieu! car tu n'es pas un homme.
L'homme n'eût pas trouvé dans notre infirmité
Ce germe tout divin de l'immortalité,
La clarté dans la nuit, la vertu dans le vice,
Dans l'égoïsme étroit la soif du sacrifice,
Dans la lutte la paix, l'espoir dans la douleur,
Dans l'orgueil révolté l'humilité du cœur,
Dans la haine l'amour, le pardon dans l'offense,
Et dans le repentir la seconde innocence!
Notre encens à ce prix ne saurait s'égarer,
Et j'en crois des vertus qui se font adorer.

———

Repos de notre ignorance,
Tes dogmes mystérieux
Sont un temple à l'espérance
Montant de la terre aux cieux;
Ta morale chaste et sainte
Embaume sa pure enceinte
De paix, de grâce et d'amour;
Et l'air que l'âme y respire
A le parfum du zéphire
Qu'Éden exhalait au jour.

Dès que l'humaine nature
Se plie au joug de ta foi,
Elle s'élève et s'épure
Et se divinise en toi.
Toutes ses vaines pensées
Montent du cœur, élancées
Aussi haut que son destin ;
L'homme revient en arrière,
Fils égaré de lumière
Qui retrouve son chemin !

Les troubles du cœur s'apaisent,
L'âme n'est qu'un long soupir ;
Tous les vains désirs se taisent
Dans un immense désir.
La paix, volupté nouvelle,
Sens de la vie éternelle,
En a la sérénité :
Du chrétien la vie entière
N'est qu'une longue prière,
Un hymne en action à l'immortalité.

Et les vertus les plus rudes
Du stoïque triomphant
Sont les humbles habitudes
De la femme et de l'enfant ;
Et la terre transformée
N'est qu'une route semée
D'ombrages délicieux,
Où l'homme en l'homme a son frère,
Où l'homme à Dieu dit : « Mon père ! »
Où chaque pas mène aux cieux.

O toi qui fis lever cette seconde aurore,
Dont un second chaos vit l'harmonie éclore,
Parole qui portais, avec la vérité,
Justice et tolérance, amour et liberté :
Règne à jamais, ô Christ, sur la raison humaine,
Et de l'homme à son Dieu sois la divine chaîne !
Illumine sans fin de tes feux éclatants
Les siècles endormis dans le berceau des temps ;
Et que ton nom, légué pour unique héritage,
De la mère à l'enfant descende d'âge en âge,
Tant que l'œil dans la nuit aura soif de clarté,
Et le cœur d'espérance et d'immortalité ;
Tant que l'humanité plaintive et désolée
Arrosera de pleurs sa terrestre vallée,
Et tant que les vertus garderont leurs autels,
Ou n'auront pas changé de nom chez les mortels !

Pour moi, soit que ton nom ressuscite ou succombe,
O Dieu de mon berceau, sois le Dieu de ma tombe !
Plus la nuit est obscure, et plus mes faibles yeux
S'attachent au flambeau qui pâlit dans les cieux.
Et quand l'autel brisé que la foule abandonne
S'écroulerait sur moi... temple que je chéris,
Temple où j'ai tout reçu, temple où j'ai tout appris,
J'embrasserais encor ta dernière colonne,
Dussé-je être écrasé sous tes sacrés débris !

COMMENTAIRE

DE LA CINQUIÈME HARMONIE

J'ai adressé cette Harmonie, en 1829, à *Manzoni*, dans une des phases religieuses de ma pensée. Je chantais la vérité, par ce besoin d'adoration qui est en nous. Je ne dirai rien ici du sujet; mais je dirai un mot de Manzoni.

Je l'avais connu, quelques mois auparavant, à Florence, où il avait passé un hiver. J'avais lu autrefois ses tragédies, puis ses romans, avec admiration, mais sans enthousiasme. Je venais de lire ses poésies lyriques, où le grand poëte éclate tout entier. Qui ne sait par cœur sa cantate sur la tombe de Bonaparte?

Manzoni m'avait intéressé plus encore par sa personne que par ses œuvres. C'est un génie souffrant, un accent de douleur incarné dans un homme sensible; c'est en même temps un génie pieux. Sa figure porte tous ces caractères. Sa stature est frêle; son visage, doux et triste; son regard, tourné vers les regrets; sa parole, lente, faible, découragée. Il avait alors autour de lui une charmante famille d'enfants. Sa fille, âgée de dix-huit ans, et qui devait si tôt mourir en entraînant sa mère dans la tombe, était un des plus beaux jets de la beauté italienne qu'on pût contempler de l'autre côté des Alpes. Elle portait sur le front des rayons visibles d'âme, de splendeur et d'intelligence. Elle se gravait dans les yeux comme une poésie chantée dans l'oreille. Statue de la jeunesse immortelle, à côté du génie affaissé.

Manzoni était, quoique libéral, de l'école chrétienne et catholique de *Silvio Pellico*. C'est ce qui me fit penser à mettre cette Harmonie sous son nom.

VI

LE TROPHÉE D'ARMES ORIENTALES

VI

LE TROPHÉE D'ARMES ORIENTALES

———

Sur le sable du Nil, où gisaient ces armures,
Mon pied poudreux heurtait des ossements humains;
Le vent y modulait de sinistres murmures,
Le chacal déterrait des crânes et des mains.

Le bras s'est desséché, le sabre brille encore :
Voyez comme avec l'or l'acier se mariant
Dessine en clous d'azur, sur le fer qu'il décore,
L'arabesque émaillé du splendide Orient !

Pourquoi vous étonner de ces rubans de moire,
Des éclairs serpentant sur ces lames de feu?
Les héros d'autrefois se paraient pour la gloire ;
Le fer était leur joie, et le combat leur jeu.

Ce sont là les bijoux dont l'homme des batailles,
Excitant du clairon son coursier hennissant,
Avant de l'embrasser fête ses fiançailles
Avec la belle mort qu'il cherche au lit de sang.

VII

ÉPITRE A M. SAINTE-BEUVE

VII

ÉPITRE A M. SAINTE-BEUVE

EN RÉPONSE A DES VERS ADRESSÉS PAR LUI A L'AUTEUR [1]

OU

CONVERSATION

Oui, mon cœur se souvient de cette heure tranquille
Qu'à l'ombre d'un tilleul, loin des toits de la ville,
Nous passâmes ensemble au jardin des Chartreux :
Je vois encor d'ici le tronc large et noueux,
Et les mots qu'à ses pieds, de mon bâton d'érable,
En t'écoutant rêver, je traçais sur le sable.
Nous parlâmes du cœur, comme deux vieux amis
Au foyer l'un de l'autre, à la campagne, admis,

---

[1] Voir à la table de ce volume les vers de M. Sainte-Beuve.

Heureux, après dix ans, du soir qui les rassemble,
A table, sans témoins, s'entretiennent ensemble,
Tandis que le flambeau par les heures rongé
S'use pour éclairer l'entretien prolongé,
Et qu'un vin goutte à goutte épuisé dans le verre
Rougit encor le fond de la coupe sincère.

J'avais pourtant noté d'un doigt réprobateur
Tes vers trop tôt ravis à l'amour de l'auteur,
Tes vers où l'hyperbole, effort de la faiblesse,
Enflait d'un sens forcé le vide ou la mollesse;
Tes vers, fruits imparfaits d'un arbre trop hâté,
Qui les laisse tomber au souffle de l'été,
Mais à qui sa racine étendue et profonde,
Et ce ciel amoureux qui lui prodigue l'onde,
Assurent, pour orner ses rameaux paternels,
Une séve plus forte et des jours éternels.
Ces vers, en vain frappés d'un pénible anathème,
Mon cœur plus indulgent les excuse et les aime:
Sous ces mètres rompus qui boitent en marchant,
Sous ces fausses couleurs au contraste tranchant,
Sous ce vernis trop vif qui fatigue la vue,
Sous cette vérité trop rampante ou trop nue,
On y sent ce qu'à l'art l'homme demande en vain,
Ce foyer créateur où couve un feu divin,
Feu dont les passions alimentent la flamme,
Chaleur que l'âme exhale et communique à l'âme [1].
Devant le sentiment le goût est désarmé,
Et mon cœur ne retient que ce qui l'a charmé:

---

[1] M. Sainte-Beuve n'avait pas encore publié les *Consolations,* qui ont justifié les espérances des amis de son talent si intime et si original.

Comme au sein d'une nuit où tout regard expire,
Si quelque feu lointain sur un mont vient à luire,
L'œil, volant de lui-même à la vive clarté,
Franchit, sans y toucher, des champs d'obscurité,
Et, s'attachant dans l'ombre au seul point qui rayonne,
Oublie, en l'admirant, la nuit qui l'environne.
Et tu veux aujourd'hui qu'ouvrant mon cœur au tien,
Je renoue en ces vers notre intime entretien?
Tu demandes de moi les haltes de ma vie,
Le compte de mes jours?... Mes jours! je les oublie,
Comme le voyageur, quand il a dénoué
Sa ceinture de cuir, et qu'il a secoué
De ses souliers poudreux la boue et la poussière,
Redoutant de porter un regard en arrière,
Dédaigne de compter tous les pas qu'il a faits
Pour arriver enfin à son foyer de paix.
Ainsi dans mon esprit ma route est effacée;
Je n'en rappelle rien à ma triste pensée,
Que la source où j'ai bu dans le creux de ma main,
L'arbre qui répandit l'ombre sur mon chemin,
La fleur que sur ses bords ma main avait choisie,
Afin d'en respirer jusqu'au soir l'ambroisie,
Et qui dès le matin, cédant à la chaleur,
Se pencha languissante et mourut sur mon cœur!

Et de ma vie obscure, hélas! qu'aurais-je à dire?
Elle fut... ce qu'elle est pour tout ce qui respire :
Un rêve du matin, qui commence éclatant
Par de divins amours dans un palais flottant,
Se poursuit dans le ciel, et finit sur la terre
Par du pain et des pleurs sur un lit de misère!
Ami, voilà la vie universelle, hélas!
Et la mienne : et pourtant je ne l'accuse pas!

Juste envers le destin, dont la coupe est diverse,
Je le bénis du miel que dans la mienne il verse.
D'autres n'ont que l'absinthe ; et moi, grâce au Seigneur,
J'ai ce que leur misère appelle le bonheur :
Un toit large et brillant sur un champ plein de gerbes,
Des prés où l'aquilon fait ondoyer mes herbes,
Des bois dont le murmure et l'ombre sont à moi,
Des troupeaux mugissants qui paissent sous ma loi,
Une femme, un enfant, trésors dont je m'enivre ;
L'une par qui l'on vit, l'autre qui fait revivre ;
Un foyer où jamais l'indigent éconduit
N'entre sans déposer son bâton pour la nuit,
Où l'hospitalité, la main ouverte et pleine,
Peut donner sans peser le pain de la semaine,
Ou verser à l'ami qui visite mon toit
Un vin qui réjouit la lèvre qui le boit.
Que dirai-je de plus ? la douce solitude,
Le jour semblable au jour lié par l'habitude,
Une harpe, humble écho d'espérance et de foi,
Et qui chante au dehors quand mon cœur chante en moi ;
Le repos, la prière, un cœur exempt d'alarmes,
Et la paix du Seigneur, joyeuse dans les larmes !
D'un seul de tous ces dons qui ne serait jaloux ?
Mais combien manque-t-il à qui les reçut tous !
De quelque jus divin que Dieu nous la remplisse,
Toute l'eau de la vie a le goût du calice ;
La joie a son ennui, le plaisir sa langueur :
L'erreur du malheureux, c'est de croire au bonheur.
Que sert de jeter l'ancre et de dire à sa barque :
« Arrêtons-nous, voilà le port que je te marque !
» Tu dormiras ici comme une île des mers
» Que ne peut soulever l'effort des flots amers ? »
Tandis que nous parlons, une vague éternelle
S'enfle sous le navire et l'emporte avec elle :

Sur les mers de ce monde il n'est jamais de port,
Et le naufrage seul nous jette sur le bord !
Jeune encor, j'ai sondé ces ténèbres profondes :
La vie est un degré de l'échelle des mondes
Que nous devons franchir pour arriver ailleurs.
Souvent, les pieds meurtris, le front blanc de sueurs,
Comme un homme essoufflé qui monte un sentier rude
Se repose un moment, vaincu de lassitude,
Sur cette marche même, hélas ! qu'il faut franchir
Ou pour reprendre haleine ou pour se rafraîchir,
On s'arrête, on s'assied, on voit passer la foule,
Qui sur l'étroit degré se coudoie et se foule ;
On reconnaît de l'œil et du cœur ses amis,
Les uns par le courage et l'espoir affermis,
Montant d'un pas léger que rien ne peut suspendre,
Les autres chancelants et prêts à redescendre.
C'est parmi ces derniers que mon œil te trouva ;
Tu tombais, je criai : le Seigneur te sauva !
Tu repris ton élan vers la céleste porte.
Honneur en soit rendu, non à cette voix morte,
Mais au Dieu qui donna la vie à mes accents,
Qui met le trait sur l'arc et la flamme à l'encens,
Fait un écho vivant de nos lèvres muettes,
Et dans nos cœurs fêlés verse ses eaux parfaites !
Ton cœur était l'or pur caché dans le filon,
Qui n'attend pour briller que l'heure et le rayon ;
La perle au fond des mers sous l'écaille captive,
Qu'un pêcheur dans ses rets amène sur la rive.
L'or ne doit point de grâce aux sondes du mineur,
Ni la perle aux filets ; mais tous deux au Seigneur,
Dont le regard divin scrute la terre et l'onde,
Et dirige lui seul le filet ou la sonde.
Ainsi la vérité t'attendait à son jour,
Et sa voix dans ta voix va parler à son tour !

Oui, dût un froid mépris répondre à notre lyre,
Dût notre vérité se nommer un délire,
Dût notre âge, enivré des seuls soins d'ici-bas,
Sourire en nous disant : « Je ne vous connais pas! »
Semblables devant l'homme à ces hardis prophètes
Que la dérision conviait à ses fêtes,
Et qui, sur leurs tyrans lançant l'esprit divin,
Gravaient trois mots obscurs sur les murs du festin,
Répétons-lui toujours que l'univers est vide,
Que la vie est un flot que chasse un vent rapide,
Et qui doit nous porter à l'immortalité,
Ou se fondre en écume, en bruit, en vanité;
Que tout but ici-bas est trompeur ou fragile,
Tout espoir abusé, tout mouvement stérile;
Que les rêves de l'homme et ses ambitions,
La sagesse, les arts, le bras des nations,
Les efforts réunis des siècles et du monde,
Ne peuvent retarder la mort d'une seconde,
Faire avancer le jour d'une heure dans les airs,
Ou rebrousser le vent et l'écume des mers;
Que l'homme n'a reçu du seul Maître suprême
De puissance et d'empire ici que sur lui-même,
Et qu'en dépit du siècle il n'a dans ce bas lieu
Qu'une œuvre : la vertu; qu'une espérance : Dieu!
Ce sort est assez beau pour un peu de poussière;
Il devrait consoler même un fils de lumière
De ne pouvoir changer les sentiers radieux
De ces astres lointains, poussière aussi des cieux.

Et puisse alors Celui que notre langue adore,
Comme un souffle vivant anime un bois sonore,
Prêtant l'âme et la vie à nos pieux concerts,
De son souffle incréé diviniser nos vers,

Nos vers morts, et formés de syllabes muettes,
Si Dieu ne retentit dans la voix des poëtes;
Leur donner ce qu'il a, puissance et vérité,
Et ce que l'homme entend par immortalité,
C'est-à-dire un écho qui dure une seconde
Sur cet atome obscur que nous nommons un monde,
Semblable, hélas! à peine au retentissement
Qui le soir sous les bois se prolonge un moment,
Quand, le pâtre brisant son chalumeau sonore,
Du son qu'il n'entend plus l'air ému vibre encore!
Et même de ce prix ne soyons point jaloux :
Chantons pour soulager ce qui gémit en nous!
Quand la source à la mer a versé son eau pure,
Qu'importe si l'abîme étouffe son murmure?
Qu'importe si les vents dispersent sur les mers
Le cri qu'a jeté l'aigle en traversant les airs,
Quand l'oiseau, s'élevant des rochers du rivage,
Plane dans le rayon au-dessus du nuage,
Qu'il n'entend plus la vague, et qu'il voit sous ses yeux
Ces abîmes d'azur qui sont pour nous les cieux?

COMMENTAIRE

DE LA SEPTIÈME HARMONIE

C'était en 1829.

J'aimais alors beaucoup un jeune homme pâle, blond, frêle, sensible jusqu'à la maladie, poëte jusqu'aux larmes, ayant une grande analogie avec *Novalis* en Allemagne, avec les poëtes intimes qu'on nomme les *Lakistes* en Angleterre : il s'appelait M. Sainte-Beuve. Il vivait à Paris avec une mère âgée, sereine, absorbée en lui, dans une petite maison sur un jardin retiré, dans le quartier du Luxembourg. Il venait souvent chez moi, j'allais chez lui avec bonheur aussi. Ce recueillement, cette mère, cette retraite, ce jardin, ces colombes, me plaisaient à moi, trop emporté dans le courant littéraire, mondain et politique de l'existence. Cela me rappelait les presbytères et les aimables curés de campagne que j'avais tant aimés dans mon enfance.

M. Sainte-Beuve écrivit le poëme des *Consolations*. On ne l'apprécia pas à sa valeur. C'était une note nouvelle dans notre poésie d'imitation. J'en fus enthousiaste : j'adressai ces vers à l'auteur.

Je crois qu'il ne les comprit pas, et qu'il crut trouver dans quelques critiques trop amicalement articulées un dénigrement de son talent. C'était une erreur. J'admirais extrêmement cette œuvre. La froideur injuste du public découragea trop ce jeune poëte des vers. Il ne faut céder au public qu'en mourant. M. Sainte-Beuve, en persévérant, l'aurait forcé à comprendre et soumis à admirer.

Depuis ce temps, à mon grand regret, il s'éloigna de moi, qui l'aimais d'une prédilection forte et constante. Il se jeta dans le roman philosophique, genre inférieur à son talent, et dans la critique, puissance des impuissants. Il me traita en général avec une indulgence où je sentais le souvenir de l'amitié dans le jugement du juge; quelquefois avec sévérité; mais jamais je n'en eus le moindre ressentiment. Je regrette M. Sainte-Beuve pour la poésie, je le regrette pour l'amitié. Je le suis d'un œil attentif dans sa carrière d'écrivain. C'est un de ces hommes qui, en s'éloignant, emportent toujours un morceau du cœur : ils ne vous deviennent jamais étrangers, fussent-ils même ennemis.

VIII

A UNE FIANCÉE DE QUINZE ANS

VIII

A UNE FIANCÉE DE QUINZE ANS

MÉLODIE

Sur ton front, Laurence,
Laisse-moi poser
De l'indifférence
Le chaste baiser.
Si je le prolonge,
Oh! ne rougis pas!
On s'attache au songe
Qui fuit de nos bras.

Ma lèvre dérange,
Sur tes blonds cheveux,
Le bouquet d'orange
Embaumé de vœux ;
Ta main est promise,
Et l'autel est prêt :
Viens, que je te dise
Mon dernier secret !

J'ai deux fois ton âge,
Ta joue est en fleur ;
Mais ta jeune image
Rajeunit mon cœur.
Toi dans ma paupière,
J'avais dit au Temps :
« Je la vois derrière.
Marche ; moi, j'attends. »

Les mots de caresse
Que tu m'épelais,
Ces noms de tendresse
Dont je t'appelais,
Ennui dans l'absence
Et joie au retour,
C'était l'innocence,
Mais c'était l'amour.

Le bonheur qu'on sème,
Hélas ! n'éclôt pas.
Un plus heureux t'aime :
Va, cours dans ses bras.

Cette larme pure
Qui brûle ton front,
O triste parure,
Ses doigts la boiront.

Au rayon d'automne
Trop prompt à fleurir,
L'amandier couronne
Son front, pour mourir.
Tu fus, ô mon rêve,
Ce printemps d'un jour :
Mon cœur, c'est la séve ;
La fleur, mon amour!

IX

LE TOMBEAU D'UNE MÈRE

IX

LE TOMBEAU D'UNE MÈRE

———

Un jour, les yeux lassés de veilles et de larmes,
Comme un lutteur vaincu prêt à jeter ses armes,
Je disais à l'aurore : « En vain tu vas briller;
La nature trahit nos yeux par ses merveilles;
Et le ciel, coloré de ses teintes vermeilles,
  Ne sourit que pour nous railler.

» Rien n'est vrai, rien n'est faux ; tout est songe et mensonge,
Illusion du cœur qu'un vain espoir prolonge.
Nos seules vérités, hommes, sont nos douleurs,
Cet éclair dans nos yeux que nous nommons la vie,
Brille à peine un moment à notre âme éblouie,
   Qu'il s'éteint et s'allume ailleurs!

» Plus nous ouvrons les yeux, plus la nuit est profonde.
Dieu n'est qu'un mot rêvé pour expliquer le monde,
Un plus obscur abîme où l'esprit s'est lancé ;
Et tout flotte et tout tombe, ainsi que la poussière
Que fait en tourbillons dans l'aride carrière
   Lever le pied d'un insensé ! »

Je disais ; et mes yeux voyaient avec envie
Tout ce qui n'a reçu qu'une insensible vie,
Et dont nul rêve au moins n'agite le sommeil ;
Au sillon, au rocher j'attachais ma paupière,
Et ce regard disait : A la brute, à la pierre,
   Au moins que ne suis-je pareil?

Et ce regard, errant comme l'œil du pilote
Qui demande sa route à l'abîme qui flotte,
S'arrêta tout à coup, fixé sur un tombeau ;
Tombeau, cher entretien d'une douleur amère,
Où le gazon sacré qui recouvre ma mère
   Grandit sous les pleurs du hameau !

Là, quand l'ange voilé sous les traits d'une femme
Dans le Dieu sa lumière eut exhalé son âme,
Comme on souffle une lampe à l'approche du jour ;
A l'ombre des autels qu'elle aimait à toute heure,
Je lui creusai moi-même une étroite demeure,
   Une porte à l'autre séjour!

Là dort dans son espoir celle dont le sourire
Cherchait encor mes yeux à l'heure où tout expire,
Ce cœur, source du mien, ce sein qui m'a conçu,
Ce sein qui m'allaita de lait et de tendresses,
Ces bras qui n'ont été qu'un berceau de caresses,
    Ces lèvres dont j'ai tout reçu !

Là dorment soixante ans d'une seule pensée,
D'une vie à bien faire uniquement passée,
D'innocence, d'amour, d'espoir, de pureté ;
Tant d'aspirations vers son Dieu répétées,
Tant de foi dans la mort, tant de vertus jetées
    En gage à l'immortalité,

Tant de nuits sans sommeil pour veiller la souffrance,
Tant de pain retranché pour nourrir l'indigence,
Tant de pleurs toujours prêts à s'unir à des pleurs,
Tant de soupirs brûlants vers une autre patrie,
Et tant de patience à porter une vie
    Dont la couronne était ailleurs !

Et tout cela, pourquoi ? Pour qu'un creux dans le sable
Absorbât pour jamais cet être intarissable ;
Pour que ces vils sillons en fussent engraissés ;
Pour que l'herbe des morts dont sa tombe est couverte
Grandît, là, sous mes pieds, plus épaisse et plus verte !
    Un peu de cendre était assez !

Non, non ! pour éclairer trois pas sur la poussière,
Dieu n'aurait pas créé cette immense lumière,
Cette âme au long regard, à l'héroïque effort !
Sur cette froide pierre en vain le regard tombe,
O vertu ! ton aspect est plus fort que la tombe,
    Et plus évident que la mort.

Et mon œil, convaincu de ce grand témoignage,
Se releva de terre et sortit du nuage,
Et mon cœur ténébreux recouvra son flambeau.
Heureux l'homme à qui Dieu donne une sainte mère
En vain la vie est dure et la mort est amère :
    Qui peut douter sur son tombeau?

COMMENTAIRE

DE LA NEUVIÈME HARMONIE

Ma mère a été la plus grande, la plus douce et la plus permanente occupation de ma pensée. J'espérais la conserver jusqu'à mes jours les plus avancés. La jeunesse perpétuelle de son âme se communiquait à son visage. Les années n'avaient laissé aucune trace sur ses traits : à soixante-six ans, on la confondait avec ses filles. Elle était conservée par l'atmosphère de résignation, de piété et de paix intérieure, dans laquelle elle s'enveloppait comme ces parfums fugitifs, ou comme ces fleurs rares qu'on empêche de s'évaporer ou de se flétrir en les préservant du contact de l'air terrestre. Les circonstances de sa mort ajoutèrent pour moi à la douleur de sa perte.

Je l'avais laissée pour quelques jours rayonnante de bonheur, d'espérance et de vie. J'étais à Paris. Un matin, en entrant dans le bain, elle trouva l'eau trop froide; elle était seule; elle ouvrit le conduit d'eau chaude, l'eau bouillante la frappa d'un jet qui jaillit jusqu'à sa poitrine : elle s'évanouit. On accourut à son cri, il était trop tard. On la reporta dans son lit; elle reprit connaissance, souffrit deux jours, pria constamment, se réjouit de ce que je n'étais pas là, pour m'éviter, disait-elle, le spectacle de sa fin, et mourut en prononçant mon nom dans son agonie. Ma femme, qui la veillait seule, me dit qu'elle répétait sans cesse, dans cette dernière nuit, ces mots : *Que je suis heureuse! que je suis heureuse!* On lui demanda de quoi. Elle répondit : « De mourir résignée et purifiée. » Un de mes amis m'annonça cette perte inattendue, à Paris. Je crus que la terre manquait sous moi. Je partis, j'arrivai : il était trop tard ; elle reposait déjà dans le cimetière de la ville. J'obtins la permission de la faire exhumer, et de transporter ses restes à *Saint-Point*. Je revis son visage, aussi serein que dans un sommeil. Les paysans, qui l'adoraient, vinrent une nuit prendre le cercueil, et le portèrent, en se relevant, sur leurs épaules pendant huit lieues. Je marchais à pied derrière eux. Au lever du soleil, nous arrivâmes au pied des montagnes qu'il faut traverser pour descendre dans la vallée de Saint-Point. Elles étaient couvertes de six pieds de neige. Nous étions obligés de faire creuser un sentier entre deux murailles blanches devant le cercueil. Quelle marche! quel cortége! quelle arrivée!

Le tombeau que je lui destinais n'était pas encore élevé. Je déposai le cercueil dans le caveau souterrain de l'église ; je restai seul quelques jours à pleurer ma mère dans ce pays qu'elle avait tant aimé, et dans cette demeure pleine d'elle. Le printemps suivant, je bâtis une chapelle entre l'église et le jardin. Elle y repose, mais elle n'y repose déjà plus seule. Il n'y a qu'une inscription en lettres de bronze incrustées dans la corniche gothique de l'ogive qui sert de portique à la mort :

SPERAVIT ANIMA MEA.

Elle a toujours espéré, en effet, jusque dans la mort. On le voit par ses dernières paroles. Son âme n'était qu'une aspiration.

Maintenant, quand je m'approche de son tombeau, je dérange souvent de pauvres femmes des villages voisins, qui viennent prier sur sa tombe comme sur les reliques d'un saint, et je trouve toujours sur les dalles quelques bouquets de fleurs sauvages qu'elles y ont jetés à travers les barreaux de la grille.

X

LE CADRE

X

LE CADRE

A MADAME DE LA CH...

Quel visage oserait se mirer dans la glace
Dont ce cadre embaumé festonne le contour?
Est-il un front de vierge, ou d'ange, que n'efface
La fraîcheur de ces lis qui n'ont vécu qu'un jour?

Toi seule, oh! rien que toi! soit que d'un blanc nuage
La dentelle à ton front colle les plis soyeux,
Soit que tes blonds cheveux encadrent ton visage,
Ou qu'un bluet fané s'effeuille sur tes yeux.

Brise devant tes traits ton miroir de Venise,
Qui sait les retracer sans pouvoir s'animer;
Mire-toi dans une âme où l'amour t'éternise:
Pour un miroir vivant, réfléchir c'est aimer!

Mon cœur nourrit aussi de sa séve une chose
Qui fait rêver du ciel, et qui fait dire: Hélas!...
A chaque heure du temps une larme l'arrose:
Quel est son nom? — Soupir! — Qu'embaume-t-il? — Tes pas!

XI

LE GÉNIE DANS L'OBSCURITÉ

XI

LE GÉNIE DANS L'OBSCURITÉ

A M. REBOUL

A NIMES

Le souffle inspirateur qui fait de l'âme humaine,
    Un instrument mélodieux,
Dédaigne des palais la pompe souveraine :
Que sont la pourpre et l'or à qui descend à peine
    Des palais rayonnants des cieux ?

Il s'abat au hasard sur l'arbre solitaire,
    Sur la cabane des pasteurs,
Sous le chaume indigent des pauvres de la terre,
Et couve en souriant un glorieux mystère
    Dans un berceau mouillé de pleurs.

C'est Homère endormi, qu'une esclave sans maître
    Réchauffe de son seul amour;
C'est un enfant chassé de l'ombre de son hêtre,
Qui pleure les chevreaux que ses pas menaient paître,
    Et qui sera Virgile un jour !

C'est Moïse flottant dans un berceau fragile
    Sur l'onde, au hasard des courants,
Que l'éclair du Sina visite entre cent mille,
Pendant qu'il fend le marbre ou qu'il pétrit l'argile
    Pour la tombe de ses tyrans !

Ainsi l'instinct caché dans la nature entière
    Mûrit pour l'immortalité :
La perle au fond des mers, l'or au sein de la pierre,
Le diamant dans l'ombre où languit sa lumière,
    La gloire dans l'obscurité ;

La gloire, oiseau divin, phénix né de lui-même,
    Qui vient tous les cent ans, nouveau,
Se poser sur la terre et sur un nom qu'il aime,
Et qu'on y voit mourir ainsi que son emblème,
    Mais dont nul ne sait le berceau !

Ne t'étonne donc pas qu'un ange d'harmonie
    Vienne d'en haut te réveiller :
Souviens-toi de Jacob ! Les songes du génie
Descendent sur des fronts qui n'ont dans l'insomnie
    Qu'une pierre pour oreiller.

Moi-même, plein des biens dont l'opulence abonde,
  Que je changerais volontiers
Cet or dont la fortune avec dédain m'inonde,
Pour une heure du temps où je n'avais au monde
  Que ma vigne et que mes figuiers;

Pour ces songes divins qui chantaient dans mon âme,
  Et que nul or ne peut payer,
Pendant que le soleil baissait, et que la flamme
Que ma mère allumait, ainsi qu'une humble femme,
  Éclairait son étroit foyer;

Et qu'assis autour d'elle à la table de hêtre
  Que nous préparait son amour,
Nous rendions grâce à Dieu de ce repas champêtre,
Riche des simples fruits que le champ faisait naître,
  Et d'un pain qui suffit au jour [1]!

---

[1] Voir à la table de ce volume la réponse de M. Reboul.

COMMENTAIRE

DE LA ONZIÈME HARMONIE

On connaît le génie poétique et sensible de M. Reboul, poëte et ouvrier, si antique de pensée, si noble de sentiment. Le travail ne déroge pas. On connaît moins sa vie : je l'ignorais moi-même. Un jour, passant à *Nîmes*, je voulus, avant de visiter les *Arènes*, visiter ce frère en poésie. Un pauvre homme que je rencontrai dans la rue me conduisit à la porte d'une petite maison noire, sur le seuil de laquelle on respirait cette délicieuse odeur de pain cuit sortant du four. J'entrai : un jeune homme en manches de chemise, les cheveux noirs légèrement cendrés de farine, était au comptoir, vendant du pain à de pauvres femmes. Je me nommai, il ne rougit pas ; il passa sa veste et me conduisit, par un escalier de bois, dans sa chambre de travail, au-dessus de sa boutique. Il y avait le lit de sa femme, une table à écrire, quelques livres, et quelques vers commencés sur des feuilles éparses. Nous causâmes de notre métier commun. Il me lut des vers admirables, et des scènes de tragédie antique qui respirent la mâle sévérité du génie romain. On sentait que cet homme avait fréquenté les souvenirs vivants de Rome, et que son âme était une pierre détachée de ces monuments au pied desquels il avait grandi, un lierre ou un laurier sauvage du pont du Gard ou des Arènes.

Depuis, j'ai revu Reboul à l'assemblée constituante. Ame libre, et née pour une république; cœur simple et pur, comme il en faudrait tant au peuple pour lui faire conserver et honorer la liberté qu'il a conquise, et qu'il perdra s'il ne sait ni la modérer par la justice, ni la sanctifier par la vertu.

XII

POURQUOI MON AME EST-ELLE TRISTE

XII

POURQUOI MON AME EST-ELLE TRISTE

———

Pourquoi gémis-tu sans cesse,
O mon âme? réponds-moi,
D'où vient ce poids de tristesse
Qui pèse aujourd'hui sur toi?
Au tombeau qui nous dévore,
Pleurant, tu n'as pas encore
Conduit tes derniers amis;
L'astre serein de ta vie
S'élève encore; et l'envie
Cherche pourquoi tu gémis.

La terre encore a des plages,
Le ciel encore a des jours,
La gloire encor des mirages,
Le cœur encor des amours;
La nature offre à tes veilles
Des mystères, des merveilles,
Qu'aucun œil n'a profané;
Et, flétrissant tout d'avance
Dans les champs de l'espérance,
Ta main n'a pas tout glané!

Et qu'est-ce que la terre? Une prison flottante
Une demeure étroite, un navire, une tente
Que son Dieu dans l'espace éleva pour un jour,
Et dont le vent du ciel en trois pas fait le tour;
Des plaines, des vallons, des mers et des collines
Où tout sort de la poudre et retourne en ruines,
Et dont la masse à peine est à l'immensité
Ce que l'heure qui sonne est à l'éternité:
Fange en palais pétrie, hélas! mais toujours fange,
Où tout est monotone et cependant tout change!

Et qu'est-ce que la vie? Un réveil d'un moment!
De naître et de mourir un court étonnement;
Un mot qu'avec mépris l'Être éternel prononce;
Labyrinthe sans clef, question sans réponse,
Songe qui s'évapore, étincelle qui fuit,
Éclair qui sort de l'ombre et rentre dans la nuit,
Minute que le temps prête et retire à l'homme,
Chose qui ne vaut pas le mot dont on la nomme!

Et qu'est-ce que la gloire? Un vain son répété,
Une dérision de notre vanité,
Un nom qui retentit sur des lèvres mortelles,
Vain, trompeur, inconstant, périssable comme elles,
Et qui, tantôt croissant et tantôt affaibli,
Passe de bouche en bouche à l'éternel oubli;
Nectar empoisonné dont notre orgueil s'enivre,
Qui fait mourir deux fois ce qui veut toujours vivre !

Et qu'est-ce que l'amour? Ah ! prête à le nommer,
Ma bouche en le niant craindrait de blasphémer !
Lui seul est au-dessus de tout mot qui l'exprime.
Éclair brillant et pur du feu qui nous anime;
Étincelle ravie au grand foyer des cieux;
Char de feu qui, vivants, nous porte au rang des dieux;
Rayon, foudre des sens, inextinguible flamme
Qui fond deux cœurs mortels et n'en fait plus qu'une âme,
Il est... il serait tout, s'il ne devait finir,
Si le cœur d'un mortel le pouvait contenir,
Ou si, semblable au feu dont Dieu fit son emblème,
Sa flamme en s'exhalant ne l'étouffait lui-même !

    Mais quand ces biens que l'homme envie
    Déborderaient dans un seul cœur,
    La mort seule au bout de la vie
    Fait un supplice du bonheur :
    Le flot du temps qui nous entraîne
    N'attend pas que la joie humaine
    Fleurisse longtemps sur son cours.
    Race éphémère et fugitive,
    Que peux-tu semer sur la rive
    De ce torrent qui fuit toujours?

Il fuit, et ses rives fanées
M'annoncent déjà qu'il est tard ;
Il fuit, et mes vertes années
Disparaissent de mon regard!
Chaque projet, chaque espérance
Ressemble à ce liége qu'on lance
Sur la trace des matelots,
Qui ne s'éloigne et ne surnage
Que pour mesurer le sillage
Du navire qui fend les flots.

Où suis-je? Est-ce moi? Je m'éveille
D'un songe qui n'est pas fini :
Tout était promesse et merveille
Dans un avenir infini.
J'étais jeune!... Hélas! mes années
Sur ma tête tombent fanées,
Et ne refleuriront jamais!
Mon cœur était plein,... il est vide!
Mon sein fécond,... il est aride!
J'aimais :... où sont ceux que j'aimais?

Mes jours, que le deuil décolore,
Glissent avant d'être comptés;
Mon cœur, hélas! palpite encore
De ses dernières voluptés.
Sous mes pas la terre est couverte
De plus d'une palme encor verte,
Mais qui survit à mes désirs;
Tant d'objets chers à ma paupière
Sont encor là, sur la poussière
Tiède de mes brûlants soupirs!

Je vois passer, je vois sourire
La femme aux perfides appas
Qui m'enivra d'un long délire,
Dont mes lèvres baisaient les pas!
Ses blonds cheveux flottent encore;
Les fraîches couleurs de l'aurore
Teignent toujours son front charmant,
Et dans l'azur de sa paupière
Brille encore assez de lumière
Pour fasciner l'œil d'un amant.

La foule, qui s'ouvre à mesure,
La flatte encor d'un long coup d'œil,
Et la poursuit d'un long murmure
Dont s'enivre son jeune orgueil.
Et moi, je souris et je passe;
Sans effort de mon cœur j'efface
Ce songe de félicité,
Et je dis, la pitié dans l'âme :
« Amour! se peut-il que ta flamme
Meure encore avant la beauté? »

Hélas! dans une longue vie
Que reste-t-il après l'amour?
Dans notre paupière éblouie
Ce qu'il reste après un beau jour;
Ce qu'il reste à la voile vide
Quand le dernier vent qui la ride
S'abat sur le flot assoupi;
Ce qu'il reste au chaume sauvage
Lorsque les ailes de l'orage
Sur la terre ont vidé l'épi!

Et pourtant il faut vivre encore,
Dormir, s'éveiller tour à tour,
Et traîner d'aurore en aurore
Ce fardeau renaissant du jour !
Quand on a bu jusqu'à la lie
La coupe écumante de vie,
Ah ! la briser serait un bien !
Espérer, attendre, c'est vivre !
Que sert de compter et de suivre
Des jours qui n'apportent plus rien ?

Voilà pourquoi mon âme est lasse
Du vide affreux qui la remplit ;
Pourquoi mon cœur change de place
Comme un malade dans son lit ;
Pourquoi mon errante pensée,
Comme une colombe blessée,
Ne se repose en aucun lieu ;
Pourquoi j'ai détourné la vue
De cette terre ingrate et nue,
Et j'ai dit à la fin : « Mon Dieu ! »

Comme un souffle d'un vent d'orage
Soulevant l'humble passereau,
L'emporte au-dessus du nuage,
Loin du toit qui fut son berceau ;
Sans même que son aile tremble,
L'aquilon le soutient ; il semble
Bercé sur les vagues des airs :
Ainsi cette seule pensée
Emporta mon âme oppressée
Jusqu'à la source des éclairs.

C'est Dieu, pensais-je, qui m'emporte :
L'infini s'ouvre sous mes pas !
Que mon aile naissante est forte !
Quels cieux ne tenterons-nous pas ?
La Foi même, un pied sur la terre,
Monte de mystère en mystère
Jusqu'où l'on monte sans mourir :
J'irai, plein de sa soif sublime,
Me désaltérer dans l'abîme
Que je ne verrai plus tarir !

J'ai cherché le Dieu que j'adore
Partout où l'instinct m'a conduit,
Sous les voiles d'or de l'aurore,
Chez les étoiles de la nuit.
Le firmament n'a point de voûtes,
Les feux, les vents n'ont point de routes
Où mon œil n'ait plongé cent fois :
Toujours présent à ma mémoire,
Partout où se montrait sa gloire,
Il entendait monter ma voix.

Je l'ai cherché dans les merveilles
OEuvre parlante de ses mains,
Dans la solitude et les veilles,
Et dans les songes des humains.
L'épi, le brin d'herbe, l'insecte,
Me disaient : « Adore et respecte !
Sa sagesse a passé par là. »
Et ces catastrophes fatales
Dont l'histoire enfle ses annales,
Me criaient plus haut : « Le voilà ! »

A chaque éclair, à chaque étoile
Que je découvrais dans les cieux,
Je croyais voir tomber le voile
Qui le dérobait à mes yeux ;
Je disais : « Un mystère encore !
Voici son ombre, son aurore,
Mon âme ! il va paraître enfin ! »
Et toujours, ô triste pensée !
Toujours quelque lettre effacée
Manquait hélas ! au nom divin.

Et maintenant, dans ma misère,
Je n'en sais pas plus que l'enfant
Qui balbutie après sa mère
Ce nom sublime et triomphant ;
Je n'en sais pas plus que l'aurore
Qui de son regard vient d'éclore,
Et le cherche en vain en tout lieu ;
Pas plus que toute la nature,
Qui le raconte et le murmure,
Et demande : « Où donc est mon Dieu? »

Voilà pourquoi mon âme est triste,
Comme une mer brisant la nuit sur un écueil,
   Comme la harpe du Psalmiste,
   Quand il pleure au bord d'un cercueil ;
Comme l'Horeb voilé sous un nuage sombre,
Comme un ciel sans étoile ou comme un jour sans ombre,
Ou comme ce vieillard qu'on ne put consoler,
Qui, le cœur débordant d'une douleur farouche,

Ne pouvait plus tarir la plainte sur sa bouche,
    Et disait : « Laissez-moi parler [1] ! »

Mais que dis-je? Est-ce toi, vérité, jour suprême,
    Qui te caches sous ta splendeur?
Ou n'est-ce pas mon œil qui s'est voilé lui-même
    Sous les nuages de mon cœur?

Ces enfants prosternés aux marches de ton temple,
    Ces humbles femmes, ces vieillards,
Leur âme te possède et leur œil te contemple :
    Ta gloire éclate à leurs regards !

Et moi, je plonge en vain sous tant d'ombres funèbres :
    Ta splendeur te dérobe à moi!
Ah! le regard qui cherche a donc plus de ténèbres
    Que l'œil abaissé devant toi?

    Dieu de la lumière,
    Entends ma prière,
    Frappe ma paupière
    Comme le rocher!
    Que le jour se fasse,
    Car mon âme est lasse,
    Seigneur, de chercher!
    Astre que j'adore,
    Ce jour que j'implore
    N'est point dans l'aurore,

---

[1] Job, ch. XXI.

N'est pas dans les cieux :
Vérité suprême,
Jour mystérieux !
De l'heure où l'on t'aime,
Il est en nous-même,
Il est dans nos yeux !

COMMENTAIRE

DE LA DOUZIÈME HARMONIE

Il n'y a pas de commentaire à une impression; il faudrait analyser toute une nature et raconter toute une vie pour faire comprendre un vers.

XIII

LA RETRAITE

XIII

LA RETRAITE

RÉPONSE A M. VICTOR HUGO[1]

Je sommeillais sans rêve,
Comme Écho dans mes bois :
Mais qu'une voix s'élève,
Soudain la mienne achève;
Un son me rend la voix.

[1] Voir, à la table de ce volume, les vers de M. Victor Hugo.

Que celle qui m'éveille
A de touchants concerts!
Jamais à mon oreille
Harpe ou lyre pareille
N'enchanta ces déserts,

Depuis l'heure charmante
Où le servant d'amour,
Sa harpe sous sa mante,
Venait pour une amante
Soupirer sous la tour.

C'est la voix fraîche et pure
D'un enfant des cités,
Qui, las de leur murmure,
Demande à la nature
Des jours plus abrités,

Un toit où se repose
L'ombre des bois épais,
Un ruisseau qui l'arrose,
Et le buisson de rose
Où l'oiseau chante auprès;

L'uniforme habitude.
Qui lie au jour le jour,
Point de gloire ou d'étude,
Rien que la solitude,
La prière et l'amour.

Ah! ton rêve est un rêve,
Ami; ce rien est tout!
Ta vie a trop de séve.
Mais attends : l'âge enlève
L'ivresse et le dégoût.

Plus, hélas! sur la terre
L'homme compte de jours,
Plus la route est sévère,
Et plus le cœur resserre
Sa vie et ses amours.

Fuis ces champs de bataille,
Où l'insecte pensant
S'agite et se travaille
Autour d'un brin de paille
Qu'écrase le passant!

Je sais sur la colline
Une blanche maison;
Un rocher la domine,
Un buisson d'aubépine
Est tout son horizon.

Là jamais ne s'élève
Bruit qui fasse penser:
Jusqu'à ce qu'il s'achève,
On peut mener son rêve
Et le recommencer.

Le clocher du village
Surmonte ce séjour;
Sa voix, comme un hommage,
Monte au premier nuage
Que colore le jour.

Signal de la prière,
Elle part du saint lieu,
Appelant la première
L'enfant de la chaumière
A la maison de Dieu.

Aux sons que l'écho roule
Le long des églantiers,
Vous voyez l'humble foule
Qui serpente et s'écoule
Dans les pieux sentiers :

C'est la pauvre orpheline,
Pour qui le jour est court,
Qui déroule et termine,
Pendant qu'elle chemine,
Son fuseau déjà lourd;

C'est l'aveugle que guide
Le mur accoutumé,
Le mendiant timide,
Et dont la main dévide
Son rosaire enfumé;

C'est l'enfant qui caresse
En passant chaque fleur,
Le vieillard qui se presse :
L'enfance et la vieillesse
Sont amis du Seigneur !

La fenêtre est tournée
Vers le champ des tombeaux,
Où l'herbe moutonnée
Couvre, après la journée,
Le sommeil des hameaux.

Plus d'une fleur nuance
Ce voile du sommeil ;
Là tout fut innocence,
Là tout dit : « Espérance ! »
Tout parle de réveil.

Mon œil, quand il y tombe,
Voit l'amoureux oiseau
Voler de tombe en tombe,
Ainsi que la colombe
Qui porta le rameau ;

Ou quelque pauvre veuve,
Aux longs rayons du soir,
Sur une pierre neuve,
Signe de son épreuve,
S'agenouiller, s'asseoir ;

Et, l'espoir sur la bouche,
Contempler du tombeau,
Sous les cyprès qu'il touche,
Le soleil qui se couche
Pour se lever plus beau.

Paix et mélancolie
Veillent là près des morts,
Et l'âme recueillie
Des vagues de la vie
Croit y toucher les bords!

COMMENTAIRE

DE LA TREIZIÈME HARMONIE

Je ne sais quel jour de quelle année, vers 1824, je vis arriver Victor Hugo à Saint-Point, accompagné de sa femme, alors dans la première fleur de sa beauté, d'un petit enfant, et de *Charles Nodier*, qui commençait déjà à vieillir, et sa fille. Ils allaient en Suisse ou en Italie. Ils s'arrêtèrent quelques jours dans ma retraite. Victor Hugo, Nodier et moi, nous passâmes le temps à errer dans les montagnes. Mes deux hôtes laissèrent à Saint-Point un parfum de poésie et d'amitié.

Depuis lors Nodier, plante alpestre du haut Jura qui n'a jamais pu se bien acclimater à Paris, est mort. La nature fait peu d'hommes si charmants et si divers. Il y avait du paysan, du gentilhomme, de l'émigré, du républicain, du chevalier, de l'homme de lettres, du savant, du poëte, du paresseux surtout, en lui. Débauche d'esprit et de caractère de la Nature, dans un jour de caprice et de luxe. On aurait pu faire dix hommes de Nodier, et il n'y en avait pas un tout entier en lui; mais les fragments étaient admirables. Victor Hugo a vécu, grandi, et grandit encore. Nous sommes restés amis; nous le serons, je crois, toujours. Il n'y a point de petitesses dans sa nature. Les rivalités sont des petitesses : Hugo ne les connaît pas. C'est un grand signe pour lui.

XIV

CANTATE POUR LES ENFANTS

D'UNE MAISON DE CHARITÉ

XIV

CANTATE POUR LES ENFANTS

D'UNE MAISON DE CHARITÉ

RÉCITATIF

Le temple de Sion était dans le silence ;
Les saints hymnes dormaient sur les harpes de Dieu ;
Les foyers odorants que l'encensoir balance
S'éteignaient ; et l'encens, comme un nuage immense,
S'élevait en rampant sur les murs du saint lieu.

Les docteurs de la loi, les chefs de la prière,
    Étaient assis dans leur orgueil ;
Sous leurs sourcils pensifs ils cachaient leur paupière,
Ou lançaient sur la foule un superbe coup d'œil ;

Leur voix interrogeait la timide jeunesse,
Les rides de leur front témoignaient leur sagesse.
Respirant du Sina l'antique majesté,
De leurs cheveux blanchis, de leur barbe touffue,
On croyait voir glisser sur leur poitrine nue
   La lumière et la charité,
    Comme des neiges des montagnes
Descendent, ô Sâron, sur tes humbles campagnes.
  Le jour et la fertilité !

Un enfant devant eux s'avança, plein de grâce ;
La foule, en l'admirant, devant ses pas s'ouvrait,
   Puis se refermait sur sa trace ;
   Il semblait éclairer l'espace
D'un jour surnaturel que lui seul ignorait.

   Des ombres de sa chevelure
   Son front sortait, comme un rayon
   Échappé de la nuit obscure
   Éclaire un sévère horizon.

   Ce front pur et mélancolique
   S'avançait sur l'œil inspiré,
   Tel qu'un majestueux portique
   S'avance sur un seuil sacré.

   L'éclair céleste de son âme
   S'adoucissait dans son œil pur,
   Comme une étoile dont la flamme
   Sort plus douce des flots d'azur.

Il parla : les sages doutèrent
De leur orgueilleuse raison,
Et les colonnes l'écoutèrent,
Les colonnes de Salomon.

PREMIÈRE VOIX.

O merveilleuse histoire! ô prodiges étranges
Que la mère à ses fils se plaît à raconter!

DEUXIÈME VOIX.

Que disait cet enfant?

PREMIÈRE VOIX.

Interrogez les anges :
Eux seuls pourraient le répéter.

DEUXIÈME VOIX.

D'où sortait ce Joas?

PREMIÈRE VOIX.

De l'ombre de la vie,
De l'exil, du silence, et de la pauvreté.

DEUXIÈME VOIX.

Comment disparut-il de la foule ravie?

PREMIÈRE VOIX.

Il rentra dans l'obscurité.
Dans les humbles travaux d'une vie inconnue,
Comme l'aurore sous la nue,
Il se cacha vingt ans dans son humilité;
On ne le revit plus qu'à la fin du mystère,
Enseignant le ciel à la terre,

Sur le sable ou sur l'eau semant la vérité;
Puis, traînant son supplice au sommet du Calvaire,
De l'homme qu'il aimait victime volontaire,
   Revêtir l'iniquité,
Arroser de son sang sa semence prospère,
    Et payer à son Père
    Le monde racheté.

LE CHOEUR.

Du sage et de l'enfant c'est le maître sublime,
  C'est le flambeau qui nous luit,
  C'est l'âme qui nous anime,
  Le chemin qui nous conduit!

PREMIÈRE VOIX.

Il disait à celui dont la main nous repousse:
 « Laissez-les venir à moi! »

DEUXIÈME VOIX.

Et voilà qu'une main mystérieuse et douce,
Tout petits, jusqu'à lui nous mène par la foi.

PREMIÈRE VOIX.

Il disait: « Faites-vous des trésors que la rouille
Ne puisse pas ronger sous d'impuissants verrous. »

DEUXIÈME VOIX.

Et voilà que des mains, que ce seul mot dépouille
S'ouvrent devant lui seul et s'épanchent sur nous!

PREMIÈRE VOIX.

Il disait: « Espérez! et fiez-vous au Père!
L'hirondelle n'a point de palais sur la terre,

Elle trouve au sommet de la tour solitaire
Une tuile pour ses petits;
Le passereau n'a pas semé la graine amère.
Mais de tous ses enfants la Providence est mère:
L'une a le toit du riche, et l'autre a ses épis! »

LE CHOEUR.

Nous sommes l'hirondelle errante et sans asile,
Le toit de l'étranger nous prête ses abris;
Le passereau de l'Évangile,
Nous ne moissonnons pas, et nous sommes nourris!

DEUXIÈME VOIX.

Que disait-il encor?

PREMIÈRE VOIX.

« Voyez sur la verdure
Éclater le lis du vallon!
Pour se composer sa parure
Il n'a filé ni lin, ni tissu de toison;
Et pourtant sa tunique est plus riche et plus pure
Que les robes de Salomon! »

LE CHOEUR.

Nous sommes les lis des vallées:
Les tièdes laines des brebis
Par nous n'ont point été filées,
Et la main invisible a tissé nos habits!

DEUXIÈME VOIX.

Et nous, enfants, que peut notre reconnaissance?
Nos toits sont sans trésor, et notre âge impuissant:
Nous n'avons que nos mains à lever en silence

Vers cette Providence
D'où vient la récompense
D'où le bienfait descend !

PREMIÈRE VOIX.

Et que pourraient de plus les rois et leur puissance ?
Pour nos modestes bienfaiteurs
Priez donc, élevez la voix de l'innocence :
La prière s'épure en passant par vos cœurs.

DEUXIÈME VOIX.

Heureux l'homme pour qui la prière attendrie
S'élève des lèvres d'autrui !
Il obtient, par la voix de l'orphelin qui prie,
Plus qu'il n'a fait pour lui.

PREMIÈRE VOIX.

La prière est le don sans tache et sans souillure
Que devant l'autel du Très-Haut
L'homme doit présenter dans une argile pure
Et dans des vases sans défaut.
Comment offrir ce don dans ce métal profane
Que sa sainteté nous défend ?
Du cristal ou de l'or que notre encens émane,
Le vase le plus pur est le cœur d'un enfant.

DEUXIÈME VOIX.

Le vœu souvent perdu de nos cœurs s'évapore ;
Mais ce vœu de nos cœurs, par d'autres présenté,
Est comme un faible son dans un temple sonore,
Qui, d'échos en échos croissant et répété,
S'élève et retentit jusqu'à l'éternité.

PREMIÈRE VOIX.

Prions donc! élevons la voix de l'innocence :
La prière s'épure en passant par nos cœurs.
Les anges porteront à la Toute-Puissance
Nos bénédictions et l'encens de nos pleurs!
Prions donc! élevons la voix de l'innocence :
La prière s'épure en passant par nos cœurs.

PRIÈRE

O toi dont l'oreille s'incline
Au nid du pauvre passereau,
Au brin d'herbe de la colline
Qui soupire après un peu d'eau;

Providence qui les console;
Toi qui sais de quelle humble main
S'échappe la secrète obole
Dont le pauvre achète son pain;

Toi qui tiens dans ta main diverse
L'abondance et la nudité,
Afin que de leur doux commerce
Naissent justice et charité ;

Charge-toi seule, ô Providence,
De connaître nos bienfaiteurs,
Et de puiser leur récompense
Dans les trésors de tes faveurs!

Notre cœur, qui pour eux t'implore,
A l'ignorance est condamné;
Car toujours leur main gauche ignore
Ce que leur main droite a donné.

Mais que le bienfait qui se cache
Sous l'humble manteau de la foi
A leurs mains pieuses s'attache,
Et les trahisse devant toi!

Qu'un vœu qui dans leur cœur commence,
Que leurs soupirs les plus voilés,
Soient exaucés dans ta clémence
Avant de t'être révélés!

Que leurs mères, dans leur vieillesse,
Ne meurent qu'après des jours pleins!
Et que les fils de leur jeunesse
Ne restent jamais orphelins!

Mais que leur race se succède
Comme les chênes de Mambré,
Dont le vieux tronc aux ans ne cède
Que quand le jeune a prospéré!

Ou comme ces eaux toujours pleines,
Dans les sources de Siloé,
Où nul flot ne sort des fontaines
Qu'après que d'autres ont coulé !

LIVRE DEUXIÈME

I

HYMNE DE LA MORT

HYMNE DE LA MORT

Élève-toi, mon âme, au-dessus de toi-même :
    Voici l'épreuve de ta foi !
Que l'impie, assistant à mon heure suprême,
Ne dise pas : « Voyez, il tremble comme moi ! »

    La voilà cette heure suivie
    Par l'aube de l'éternité,
    Cette heure qui juge la vie
    Et sonne l'immortalité !

Et tu pâlirais devant elle,
Ame à l'espérance infidèle!
Tu démentirais tant de jours,
Tant de nuits, passés à te dire :
« Je vis, je languis, je soupire :
Ah! mourons pour vivre toujours! »

Oui, tu meurs! Déjà ta dépouille
De la terre subit les lois,
Et de la fange qui te souille
Déjà tu ne sens plus le poids.
Sentir ce vil poids, c'était vivre ;
Et le moment qui te délivre,
Les hommes l'appellent mourir!
Tel un esclave, libre à peine,
Croit qu'on emporte avec sa chaîne
Ses bras qu'il ne sent plus souffrir.

Ah! laisse aux sens, à la matière,
Ces illusions du tombeau!
Toi, crois-en à ta vie entière,
A la foi qui fut ton flambeau!
Crois-en à cette soif sublime,
A ce pressentiment intime
Qui se sent survivre après toi!
Meurs, mon âme, avec assurance!
L'amour, la vertu, l'espérance,
En savent plus qu'un jour d'effroi.

Qu'était-ce que la vie? Exil, ennui, souffrance,
    Un holocauste à l'espérance,
Un long acte de foi chaque jour répété !
Tandis que l'insensé buvait à plein calice,
Tu versais à tes pieds ta coupe en sacrifice,
Et tu disais : « J'ai soif, mais d'immortalité ! »

———

    Tu vas boire à la source vive
    D'où coulent les temps et les jours,
    Océan sans fond et sans rive,
    Toujours plein, débordant toujours.
    L'astre que tu vas voir éclore
    Ne mesure plus par aurore
    La vie, hélas ! près de tarir,
    Comme l'astre de nos demeures,
    Qui n'ajoute au présent des heures
    Qu'en retranchant à l'avenir.

    Oublie un monde qui s'efface,
    Oublie une obscure prison !
    Que ton regard privé d'espace
    Découvre enfin son horizon !
    Vois-tu ces voûtes azurées,
    Dont les arches démesurées
    S'entr'ouvrent pour s'étendre encor ?
    Bientôt leur courbe incalculable
    Te sera ce qu'un grain de sable
    Est au vol brûlant du condor.

Tu vas voir la céleste armée
Déployer ses orbes sans fin,
Comme une poussière animée
Qu'agite le souffle divin.
Ces deux soleils dont ta paupière
Devinait de loin la lumière
Vont s'épanouir sous tes yeux,
Et chacun d'eux dans son langage
Va te saluer, au passage,
Du grand nom que chantent les cieux !

Tu leur demanderas les rêves
Que ton cœur élançait vers eux,
Pendant ces nuits où tu te lèves
Pour te pénétrer de leurs feux ;
Tu leur demanderas les traces
Des êtres chéris dont les places
Restèrent vides ici-bas,
Et tu sauras sur quelle flamme
Leur âme arrachée à ton âme
En montant imprima ses pas.

Tu verras quels êtres habitent
Ces palais flottants de l'éther
Qui nagent, volent ou palpitent,
Enfants de la flamme et de l'air,
Chœurs qui chantent, voix qui bénissent,
Miroirs de feu qui réfléchissent,
Ailes qui voilent Jéhova ;
Poudre vivante de ce temple,
Dont chaque atome le contemple,
L'adore, et lui crie : Hosanna !

Dans ce pur océan de vie
Bouillonnant de joie et d'amour,
La mort va te plonger, ravie
Comme une étincelle au grand jour;
Son flux vers l'éternelle aurore
Va te porter, obscure encore,
Jusqu'à l'astre qui toujours luit,
Comme un flot que la mer soulève
Roule, aux bords où le jour se lève,
Sa brillante écume, et s'enfuit.

Détestais-tu la tyrannie?
Adorais-tu la liberté?
De l'oppression impunie
Ton œil était-il révolté?
Avais-tu soif de la justice,
Horreur du mal, honte du vice?
Versais-tu des larmes de sang
Quand l'imposture ou la bassesse
Livraient l'innocente faiblesse
Aux serres du crime puissant?

Sentais-tu la lutte éternelle
Du bonheur et de la vertu,
Et la lutte encor plus cruelle
Du cœur par le cœur combattu?
Rougissais-tu de ce nom d'homme
Dont le ciel rit, quand l'orgueil nomme
Cette machine à deux ressorts,
L'un de boue et l'autre de flamme,
Trop avili s'il n'est qu'une âme,
Trop sublime s'il n'est qu'un corps?

Pleurais-tu quand la calomnie
Souillait la gloire de poison,
Ou quand les ailes du génie
Se brisaient contre sa prison?
Pleurais-tu lorsque Philomèle,
Couvant ses petits sous son aile,
Tombait sous l'ongle du vautour;
Quand la faux tranchait une rose,
Ou que la vierge à peine éclose
Mourait à son premier amour?

Et sentais-tu ce vide immense
Et cet inexorable ennui,
Et ce néant de l'existence,
Cercle étroit qui tourne sur lui?
Même en t'enivrant de délices,
Buvais-tu le fond des calices?
Heureuse encor, n'avais-tu pas
Et ces amertumes sans causes,
Et ces désirs brûlants de choses
Qui n'ont que leurs noms ici-bas?

Triomphe donc, âme exilée!
Tu vas dans un monde meilleur,
Où toute larme est consolée,
Où tout désir est le bonheur;
Où l'être qui se purifie
N'emporte rien de cette vie
Que ce qu'il a d'égal aux dieux,
Comme la cime encore obscure
Dont l'ombre décroît, à mesure
Que le jour monte dans les cieux.

Là sont tant de larmes versées
Pendant ton exil sous les cieux,
Tant de prières élancées
Du fond d'un cœur tendre et pieux;
Là tant de soupirs de tristesse,
Tant de beaux songes de jeunesse.
Là les amis qui t'ont quitté,
Épiant ta dernière haleine,
Te tendent leur main, déjà pleine
Des dons de l'immortalité!

Ne vois-tu pas des étincelles
Dans les ombres poindre et flotter?
N'entends-tu pas frémir les ailes
De l'esprit qui va t'emporter?
Bientôt, nageant de nue en nue,
Tu vas te sentir revêtue
Des rayons du divin séjour,
Comme une onde qui s'évapore
Contracte, en montant vers l'aurore,
La chaleur et l'éclat du jour.

Encore une heure de souffrance,
Encore un douloureux adieu:
Puis endors-toi dans l'espérance,
Pour te réveiller dans ton Dieu!
Tel, sur la foi de ses étoiles,
Le pilote, pliant ses voiles,
Pressent la terre sans la voir,
S'endort en rêvant les rivages,
Et trouve, en s'éveillant, des plages
Plus sereines que son espoir.

COMMENTAIRE

DE LA PREMIÈRE HARMONIE

Cette Harmonie a été écrite à Paris, en 1830, quelques mois avant la révolution de juillet. J'étais en congé.

II

LA FLEUR DES EAUX

II

LA FLEUR DES EAUX

A VALENTINE

Dans les climats d'où vient la myrrhe,
Loin des rivages, sur les flots,
Il naît une fleur qu'on admire,
Et dont l'odeur, quand on l'aspire,
Donne l'extase aux matelots.

    Savez-vous son nom?
    Le flot le soupire,
    Il meurt sans le dire.
    Savez-vous son nom?
        Oh non!

Fleur tout prodige et tout mystère,
L'abîme amer est son berceau ;
Nul fil ne l'attache à la terre,
Nulle main ne la désaltère,
Nulle ancre ne la tient sous l'eau.

  Savez-vous son nom ?
  Le flot le soupire,
  Il fuit sans le dire.
  Savez-vous son nom ?
   Oh non !

———

Elle est pâle comme une joue
Dont l'amour a bu les couleurs ;
Et quand la vague la secoue,
De son bouton, qui se dénoue,
Il pleut une séve de pleurs.

  Savez-vous son nom ?
  Le flot le soupire,
  Il fuit sans le dire.
  Savez-vous son nom ?
   Oh non !

———

Les cygnes noirs nagent en troupe,
Pour voir de près fleurir ses yeux ;
Le pêcheur, penché sur sa poupe,
Croit qu'une étoile du saint groupe
Est tombée, en dormant, des cieux.

Savez-vous son nom?
Le flot le soupire,
Il fuit sans le dire.
Savez-vous son nom?
Oh non!

Elle ondoie avec la surface
Du courant qui croit l'entraîner;
Mais le jour ou le flot qui passe
La retrouve à la même place
Où notre œil semble l'enchaîner.

Savez-vous son nom?
Le flot le soupire,
Il fuit sans le dire.
Savez-vous son nom?
Oh non!

Le marin dit : « Comment prend-elle
Sa douce vie au flot amer?
Plante unique et surnaturelle,
Pour puiser sa séve immortelle,
Plonge-t-elle au fond de la mer? »

Savez-vous son nom?
Le flot le soupire,
Il fuit sans le dire.
Savez-vous son nom?
Oh non!

Le secret de la fleur marine,
Je le sais par une autre fleur :
Plante sans tige et sans racine,
Chacun cherche et nul ne devine
Que sa séve sort d'un seul cœur.

  Savez-vous son nom?
  Le flot le soupire,
  Il fuit sans le dire.
  Savez-vous son nom?
   Oh non!

III

INVOCATION POUR LES GRECS

III

INVOCATION POUR LES GRECS

1826

N'es-tu plus le Dieu des armées?
N'es-tu plus le Dieu des combats?
Ils périssent, Seigneur, si tu ne réponds pas!
L'ombre du cimeterre est déjà sur leurs pas.
Aux livides lueurs des cités enflammées,
Vois-tu ces bandes désarmées,
Ces enfants, ces vieillards, ces vierges alarmées?
Ils flottent, au hasard, de l'outrage au trépas;
Ils regardent la mer, ils te tendent les bras:
N'es-tu plus le Dieu des armées?
N'es-tu plus le Dieu des combats?

Jadis tu te levais; tes tribus palpitantes
Criaient : « Seigneur! Seigneur! ou jamais, ou demain! »
Tu sortais tout armé, tu combattais : soudain
L'Assyrien frappé tombait sans voir la main:
D'un souffle de ta peur tu balayais ses tentes,
Ses ossements blanchis nous traçaient le chemin!
Où sont-ils, où sont-ils ces sublimes spectacles
Qu'ont vus les flots de Gad et les monts de Séirs?
  Hé quoi! la terre a des martyrs,
   Et le ciel n'a plus de miracles?
Cependant tout un peuple a crié : « Sauve-moi;
Nous tombons en ton nom, nous périssons pour toi! »

Les monts l'ont entendu; les échos de l'Attique
De caverne en caverne ont répété ses cris;
Athène a tressailli sous sa poussière antique,
Sparte les a roulés de débris en débris!
Les mers l'ont entendu; les vagues sur leurs plages,
Les vaisseaux qui passaient, les mâts, l'ont entendu;
Les lions sur l'OEta, l'aigle au sein des nuages :
Et toi seul, ô mon Dieu, tu n'as pas répondu!

Ils t'ont prié, Seigneur, de la nuit à l'aurore,
Sous tous les noms divins où l'univers t'adore;
Ils ont brisé pour toi leurs dieux, ces dieux mortels;
Ils ont pétri, Seigneur, avec l'eau des collines,
La poudre des tombeaux, les cendres des ruines,
  Pour te fabriquer des autels,

Des autels à Délos, des autels sur Égine,
Des autels à Platée, à Leuctre, à Marathon;

Des autels sur la grève où pleure Salamine,
Des autels sur le cap où méditait Platon.

Les prêtres ont conduit le long de leurs rivages
Des femmes, des vieillards qui t'invoquaient en chœurs,
    Des enfants jetant des fleurs
    Devant les saintes images,
Et des veuves en deuil qui cachaient leurs visages
    Dans leurs mains pleines de pleurs.

Le bois de leurs vaisseaux, leurs rochers, leurs murailles,
Les ont livrés vivants à leurs persécuteurs;
Leurs têtes ont roulé sous les pieds des vainqueurs
Comme des boulets morts sur les champs de batailles;
Les bourreaux ont plongé la main dans leurs entrailles;
Mais ni le fer brûlant, Seigneur, ni les tenailles,
    N'ont pu t'arracher de leurs cœurs!

Et que disent, Seigneur, ces nations armées
Contre ce nom sacré que tu ne venges pas?
    « Tu n'es plus le Dieu des armées!
    Tu n'es plus le Dieu des combats! »

IV

LA VOIX HUMAINE

IV

LA VOIX HUMAINE

A MADAME DE B***

    Oui, je le crois quand je t'écoute,
    L'harmonie est l'âme des cieux !
Et ces mondes flottants où s'élancent nos yeux
Sont suspendus sans chaîne à leur brillante voûte,
Réglés dans leur mesure et guidés dans leur route
    Par des accords mélodieux.

L'antiquité l'a dit, et souvent son génie
Entendit dans la nuit leur lointaine harmonie.

Je l'entends près de toi : ces astres du matin
Qui sèment de leurs lis les sentiers de l'aurore,
Saturne, enveloppé de son anneau lointain,
Vénus, que sous leurs pas les ombres font éclore,
Ces phases, ces aspects, ces chœurs, ces nœuds divers,
Ces globes attirés, ces sphères cadencées,
Ces évolutions des soleils dans les airs,
Sont les notes de feu, par Dieu même tracées,
  De ces mystérieux concerts.

Et pourquoi l'harmonie à ces globes de flamme
Ne peut-elle imposer ses ravissantes lois,
Quand tu peux à ton gré, d'un accord de ta voix,
Ralentir ou presser les mouvements de l'âme,
Comme la corde d'or qui vibre sous tes doigts?
Quand tes chants, dans les airs s'exhalant en mesure,
  Coulent de soupir en soupir,
Comme des flots brillants d'une urne qui murmure,
  Sans s'altérer et sans tarir?

Quand tes accords, liés en notes accouplées,
Comme une chaîne d'or par ses chaînons égaux,
Se déroulent sans fin en cadences perlées,
Sans qu'on puisse en briser les flexibles anneaux;

Quand tes accords, jetés en sons courts et rapides,
  Tombent de tes lèvres limpides
  Comme autant de grains de cristal,
  Ou comme des perles solides
  Qui résonnent sur le métal?

Quand l'amour dans ta voix soupire,
Quand la haine y gémit des coups qu'elle a frappés,
Quand frémit le courroux, quand la langueur expire,
Quand la douleur s'y brise en sons entrecoupés,
Quand ta voix s'amollit et lutte avec la lyre,
Ou que l'enthousiasme, empruntant tes accents,
Emporte jusqu'aux cieux, sur l'aile du délire,
  Mille âmes qui n'ont plus qu'un sens?

Notre oreille, enchaînée au son qui la captive,
Voudrait éterniser la note fugitive;
Et l'âme palpitante asservie à tes chants,
Cette âme que ta voix possède tout entière,
  T'obéit comme la poussière
Obéit, dans l'orage, aux caprices des vents.

Comment l'air modulé par la fibre sonore
Peut-il créer en nous ces sublimes transports?
Pourquoi le cœur suit-il un son qui s'évapore?
Ah! c'est qu'il est une âme au fond de ces accords!
  C'est que cette âme, répandue
Dans chacun des accents par ta voix modulé,
Par le cœur, qui répond, est soudain entendue
Avant que le doux son soit encore écoulé,
Et que, semblable au son qui dans un temple éveille
Mille échos assoupis qui parlent à la fois,
Ton âme, dont l'écho vibre dans chaque oreille,
  Va créer une âme pareille
  Partout où retentit ta voix.

Ah! quand des nuits d'été l'ombre enfin rembrunie
Vient assoupir l'oreille et reposer les yeux,
Lorsque le rossignol enivré d'harmonie
Dort, et rend le silence aux bois mélodieux;
Quand des astres du ciel, seul et fuyant la foule,
L'astre qui fait rêver se dégage à demi,
Et que l'œil amoureux suit le fleuve qui roule
Un disque renversé dans son flot endormi;
Viens chanter sous le dôme où le cygne prélude,
Viens chanter aux lueurs des célestes flambeaux,
  Viens chanter pour la solitude :
Consacrés à la nuit, tes chants seront plus beaux !
Pour la foule et le jour ta voix est trop sublime;
Réserve à la douleur tes airs les plus touchants,
N'exhale qu'à ton Dieu le souffle qui t'anime :
La plainte et la prière ont inventé les chants.

A ces sons plus puissants que la froide parole,
Dans l'œil humide encor tu vois les pleurs tarir;
Le regret s'attendrit, la douleur se console,
L'espérance descend, l'amertume s'envole,
Le cœur longtemps fermé s'ouvre par un soupir;
L'athée à son insu soulève sa paupière,
La bouche d'où jamais ne jaillit la prière
Murmure un nom divin pour la première fois,
Et des anges des nuits les voix mystérieuses,
Et les brûlants soupirs de ces âmes pieuses
Qu'ici-bas de la vie enchaîne encor le poids,
  Sur des ailes mélodieuses
Au ciel qu'ouvrent tes chants montent avec la voix !

COMMENTAIRE

DE LA QUATRIÈME HARMONIE

Madame de B*** veut dire ici madame la comtesse Ida de Bombelles, ambassadrice d'Autriche à Florence, à Naples, etc. Madame de Bombelles, née en Danemark, je crois, fille de madame Brown, écrivain célèbre dans son pays, paraissait être une erreur de la nature. Sa beauté était grecque, son génie italien, sa voix céleste. Par le talent elle égalait les premières cantatrices de son temps.

Elle avait créé d'inspiration, dans son enfance, l'art nouveau des attitudes. Elle représentait, d'une pose, d'un geste, d'une draperie, les personnages des grandes scènes historiques. Elle faisait vivre et palpiter les statues. Sa merveilleuse beauté aidait au prestige. C'était la poésie muette. Quand elle parlait, c'était surtout la bonté.

Il y a peu de temps que le malheur l'a frappée à son tour. Elle a perdu son mari, son rang, sa fortune, sa splendeur. Elle vit obscure et en deuil dans une petite ville d'Allemagne. Elle n'a plus cette cour d'admirateurs passionnés dont nous l'entourions tous les soirs dans son beau palais de l'Arno; mais comme elle n'avait point de vanité, elle a peu perdu en perdant les applaudissements. Les cœurs lui restent.

V

POUR UNE QUÊTE

V

POUR UNE QUÊTE

L'or qu'au plaisir le riche apporte
Ne fait que glisser dans sa main ;
Le pauvre qui veille à la porte
Attend les miettes de ce pain.

Aux sons de nos harpes de fêtes,
Anges, unissez vos accents ;
Car tous nos luxes sont des quêtes
Où l'art sollicite les sens.

Jouissez, heureux de la terre,
Dans ce temple à la Charité!
Le plaisir est une prière,
Et l'aumône une volupté.

VI

LA TRISTESSE

VI

LA TRISTESSE

L'âme triste est pareille
Au doux ciel de la nuit,
Quand l'astre qui sommeille
De la voûte vermeille
A fait tomber le bruit.

Plus pure et plus sonore,
On y voit sur ses pas
Mille étoiles éclore,
Qu'à l'éclatante aurore
On n'y soupçonnait pas;

Des îles de lumière
Plus brillantes qu'ici,
Et des mondes derrière,
Et des flots de poussière
Qui sont mondes aussi.

On entend dans l'espace
Les chœurs mystérieux
Ou du ciel qui rend grâce,
Ou de l'ange qui passe,
Ou de l'homme pieux;

Et, pures étincelles
De nos âmes de feu,
Les prières mortelles
Sur leurs brûlantes ailes
Nous soulèvent un peu.

Tristesse qui m'inonde,
Coule donc de mes yeux;
Coule comme cette onde
Où la terre féconde
Voit un présent des cieux!

Et n'accuse point l'heure
Qui te ramène à Dieu!
Soit qu'il naisse ou qu'il meure,
Il faut que l'homme pleure
Ou l'exil, ou l'adieu.

VII

SOUVENIR

VII

SOUVENIR

A LA PRINCESSE D'ORANGE

Il creusait dans la mer son sillage d'écume,
Le navire grondant qui respire le feu;
Nous suivions cette côte où le Vésuve fume :
Les cyprès étaient noirs, l'eau verte, le ciel bleu.

Une vague enjouée, en poursuivant la poupe,
Des perles de la mer aspergeait le bateau,
Comme le buis bénit qu'on trempe dans la coupe
Sur le front des passants jette le sel et l'eau.

La nuit d'été, semblable à l'éternelle aurore,
Nous regardait d'en haut avec ses milliers d'yeux ;
Les étoiles, les fleurs que minuit fait éclore,
Naissaient sous notre doigt dans les jardins des cieux.

Le vaste pont roulait, charmant berceau de femmes :
On voyait pour dormir leur front se renverser,
Quand, sous leurs coudes blancs, le lit des grandes lames
S'enflait et se creusait, comme pour les bercer.

Le vent sonore et chaud qui soufflait des rivages,
Invisible contact de l'invisible amant,
Écartait les cheveux de ces pâles visages,
Que la lune baisait du haut du firmament.

Les unes retenaient leurs muettes haleines ;
Les autres, par des chants, cherchaient à s'assoupir ;
Les plus jeunes pleuraient d'ivresse, urnes trop pleines
Où la tendresse écume et déborde en soupir.

Parmi ce blond essaim de figures pensives,
Mes yeux en suivaient une, accoudée à l'écart,
Dont le front se marbrait de pâleurs fugitives,
Qui sondait plus d'espace et d'éther d'un regard.

L'extase contenue abaissait ses paupières
Sur ses yeux inondés de sa félicité ;
Ses lèvres semblaient dire au Dieu de ses prières :
« Ah ! fais-moi de cette heure une immortalité ! »

Et moi, ce qui gravait ces nuits dans ma mémoire,
Ce n'était pas l'odeur du vent de ces climats,
Les astres, les cyprès, les flots d'or et de moire,
Les groupes de beautés jouant au pied des mâts;

C'était ce front pensif, et ce regard sans flamme,
Plus profond que l'abîme, hélas! et plus amer,
Et ce léger soupir qui soulevait une âme
Pure comme le ciel, grande comme la mer!

VIII

AU ROSSIGNOL

VIII

AU ROSSIGNOL

Quand ta voix céleste prélude
Aux silences des belles nuits,
Barde ailé de ma solitude,
Tu ne sais pas que je te suis !

Tu ne sais pas que mon oreille,
Suspendue à ta douce voix,
De l'harmonieuse merveille
S'enivre longtemps sous les bois !

Tu ne sais pas que mon haleine
Sur mes lèvres n'ose passer,
Que mon pied muet foule à peine
La feuille qu'il craint de froisser!

Et qu'enfin un autre poëte,
Dont la lyre a moins de secrets,
Dans son âme envie et répète
Ton hymne nocturne aux forêts!

Mais, si l'astre des nuits se penche
Aux bords des monts pour t'écouter,
Tu te caches de branche en branche
Au rayon qui vient y flotter;

Et si la source qui repousse
L'humble caillou qui l'arrêtait
Élève une voix sous la mousse,
La tienne se trouble et se tait.

Ah! ta voix touchante ou sublime
Est trop pure pour ce bas lieu :
Cette musique qui t'anime
Est un instinct qui monte à Dieu.

Tes gazouillements, ton murmure,
Sont un mélange harmonieux
Des plus doux bruits de la nature,
Des plus vagues soupirs des cieux.

Ta voix, qui peut-être s'ignore,
Est la voix du bleu firmament,
De l'arbre, de l'antre sonore,
Du vallon sous l'ombre dormant.

Tu prends les sons que tu recueilles
Dans les gazouillements des flots,
Dans les frémissements des feuilles,
Dans les bruits mourants des échos,

Dans l'eau qui filtre goutte à goutte
Du rocher nu dans le bassin,
Et qui résonne sous sa voûte
En ridant l'azur de son sein ;

Dans les voluptueuses plaintes
Qui sortent la nuit des rameaux,
Dans les voix des vagues éteintes
Sur le sable ou dans les roseaux ;

Et de ces doux sons, où se mêle
L'instinct céleste qui t'instruit,
Dieu fit ta voix, ô Philomèle !
Et tu fais ton hymne à la nuit.

Ah ! ces douces scènes nocturnes,
Ces pieux mystères du soir,
Et ces fleurs qui penchent leurs urnes
Comme l'urne d'un encensoir,

Ces feuilles où tremblent des larmes,
Ces fraîches haleines des bois,
O Nature, avaient trop de charmes
Pour n'avoir pas aussi leur voix !

Et cette voix mystérieuse
Qu'écoutent les anges et moi,
Ce soupir de la nuit pieuse,
Oiseau mélodieux, c'est toi !

Oh ! mêle ta voix à la mienne !
La même oreille nous entend ;
Mais ta prière aérienne
Monte mieux au ciel qui l'attend.

Elle est l'écho d'une nature
Qui n'est qu'amour et pureté,
Le brûlant et divin murmure,
L'hymne flottant des nuits d'été.

Et nous, dans cette voix sans charmes
Qui gémit en sortant du cœur,
On sent toujours trembler des larmes,
Ou retentir une douleur !

COMMENTAIRE

DE LA HUITIÈME HARMONIE

Ces strophes au rossignol ont été écrites à Saint-Point, dans le petit bois de haute futaie dont il ne reste que trente-deux arbres, auprès de la source et du bassin.

Depuis que la nécessité m'a contraint à vendre presque tous les beaux arbres, les rossignols ne viennent plus. C'est là aussi que j'ai écrit le premier volume de *Jocelyn;* le second volume, sur le pont de mon navire et sous les cèdres du mont Liban.

IX

UNE FLEUR

IX

UNE FLEUR

MÉLODIE

Cette fleur est pour moi la date d'une année
Que le fleuve du temps a noyée en son cours ;
Vingt fois la même fleur s'est rouverte et fanée
Depuis... Mais celle-là me fait rêver toujours.

C'était un de ces jours que jamais on n'oublie,
Jour de bonheur suprême, hélas ! sans lendemain.
Celle que j'adorais, et qui l'avait cueillie,
Quand le soir fut venu l'effeuilla dans ma main.

«Le soleil est couché ; mais gardons, me dit-elle,
» Quelque chose du moins du jour évanoui.
» L'heure qui vit s'ouvrir cette fleur sous son aile
» Est la même qui vit mon cœur épanoui.

» Nous ne pouvons, hélas! enchaîner à la rive
» Un seul des flots du temps, qu'il soit amer ou doux ;
» Mais nous pouvons semer sur l'onde fugitive
» Nos débris de bonheur en mémoire de nous! »

L'homme heureux de Samos [1] aux flots jeta sa bague,
Pour éprouver les dieux et tenter son bonheur.
Le flot la lui rendit... Nous, jetons à la vague,
A la vague du temps, ce jour et cette fleur !

Et si Dieu nous les rend, même dans l'autre monde,
Rendons grâce à la vie, et disons : « Gloire à lui! »
Le chemin est bien long, la nuit est bien profonde ;
Mais le ciel n'est pas loin, car l'amour nous a lui !

---

[1] Polycrate.

X

HYMNE DE L'ANGE DE LA TERRE

APRÈS LA DESTRUCTION DU GLOBE

X

HYMNE DE L'ANGE DE LA TERRE

APRÈS LA DESTRUCTION DU GLOBE

La terre n'était plus qu'une tombe fermée ;
Masse informe et muette, éteinte, inanimée,
Elle flottait au rang qu'elle avait occupé :
Comme un vaisseau muet que la foudre a frappé,
Quand la main qui le guide est tombée en poussière,
Suit encore un moment sa rapide carrière,
Puis chancelle et s'arrête, et de ses flancs déserts
Ne rend plus qu'un son creux au sourd roulis des mers.
La vie, en remontant à sa source suprême,
La vie avait quitté jusqu'aux éléments même ;
Le dernier des vivants, d'où son souffle avait fui,
Était mort ; et la terre était morte avec lui,

Morte avec tous ses fruits, morte avec tout leur germe,
Morte avec chaque loi que chaque règne enferme,
Morte avec tous ses bruits et tous ses mouvements,
Avec tous ses instincts et tous ses sentiments,
Morte avec tous ses feux éteints dans ses abîmes,
Morte avec ses vapeurs retombant de ses cimes,
Morte avec tous ses vents ; et son silence seul
L'enveloppait partout comme un morne linceul.
Un soleil sans rayons, de ses reflets funèbres
Ne pouvait que pâlir ces flottantes ténèbres ;
Rien n'y réfléchissait l'aurore ni le soir :
Tel, dans un œil éteint qui ne peut plus la voir,
La clarté d'un flambeau tombe en vain ; la paupière,
Comme un miroir terni, change en nuit la lumière.
C'était un point obscur dans le vide de l'air,
Un cadavre flottant sur les flots de l'éther ;
Et l'esprit du Seigneur, en traversant l'espace,
Avec crainte et dégoût s'éloignait de sa trace ;
Mais, semblable à l'amour qui survit au trépas,
Un seul ange du moins ne l'abandonnait pas.
C'était ce grand esprit, cette âme universelle,
Qui vivait, qui sentait, qui végétait pour elle ;
Être presque divin dont elle était le corps,
Qui de sa masse inerte agitait les ressorts,
Dont l'homme avait nié l'intelligence obscure,
Ou que, sans la comprendre, il nommait la Nature.
Quand elle eut accompli ses destins et ses lois,
L'esprit avait repris sa forme d'autrefois.

De céleste et d'humain harmonieux mélange,
C'était un homme avec les ailes d'un archange ;
Mais un homme agrandi, sublime, colossal,
De cet être déchu type primordial,

Du Dieu qui le créa première et grande image,
Assis sur un coteau de ce divin rivage
Où jadis Parthénope avait devant ses yeux
Réfléchi dans les mers comme un morceau des cieux ;
Lieux chers à ses regards, lieux que sa main féconde
Se plaisait à parer, comme un jardin du monde,
Et de l'ombre des monts, et de l'azur des mers,
Et de l'éclat du ciel, et du parfum des airs ;
Ses pieds pendaient d'en haut sur un immense abîme
Dont l'écume des flots avait rongé la cime ;
Lieux vides maintenant de lumière et de bruit,
D'où ne remontait plus que silence et que nuit.
Son coude s'appuyait sur la crête aplatie
De ce mont qui, jetant la cendre et l'incendie,
Secouait de ses flancs les hameaux ébranlés :
Ses flancs vides rendaient des sons creux et fêlés.

Ses blancs cheveux tombant comme une neige épaisse,
Contemporains du globe, annonçaient sa vieillesse ;
Mais les membres nerveux de cet enfant du ciel
Laissaient dans le vieillard deviner l'immortel.
De ses deux larges mains il couvrait son visage.
Pareilles par leur masse à des gouttes d'orage,
Des larmes, de ses yeux vainement essuyés,
Ruisselaient dans ses doigts et pleuvaient à ses piés.
Il comprimait en vain cette angoisse divine ;
On entendait de loin gronder dans sa poitrine
Le bruit sourd et plaintif de ses vastes sanglots,
Et des cris étouffés qu'entrecoupaient ces mots :

« Est-ce toi, terre inanimée ?
Est-ce toi que j'ai vue, hélas ! il n'est qu'un jour,

Des doigts de Jéhovah t'élancer enflammée
    Comme une étincelle allumée
    Au foyer de vie et d'amour?

» Les étoiles tes sœurs pâlirent
    De honte et de ravissement ;
Tu passas dans le ciel et les astres jaillirent,
Et les vagues d'azur sous ton poids s'assouplirent,
    Pour bercer ton globe écumant.

» Sur ton front qui venait d'éclore,
Ta lune et ton soleil combattaient de clarté ;
Plus pur que ton midi, plus doux que ton aurore,
Le regard de ton Dieu t'illuminait encore
    De vie et d'immortalité.

» Quels destins tu portais ! — Étouffés dans leur germe,
Que d'êtres immortels ton sein devait nourrir !
Où sont-ils ? Est-il vrai ? ce peu de cendre enferme
    Ce qui ne dut jamais mourir ?
Et d'une étoile, hélas ! tu n'es plus que la cendre,
Que le noyau d'un fruit que le ver a rongé,
    Qu'un rocher qui va se fendre
    Dans le feu qui l'a jugé !

» Ah ! pleurez avec moi, planètes ses compagnes,
Étoiles qui semiez ses tentes de mille yeux,
Soleils dont les rayons inondaient ses campagnes,
Nuages qui jetiez l'ombre sur ses montagnes !
    Pleurez ! la mort est dans les cieux.

» Quand tu flottais comme un navire
Dans l'écume de feu de l'aurore ou du soir;
Quand tes mers, se gonflant comme un sein qui respire,
Venaient lécher du flot le bord qui les attire,
Et polir sous tes caps un onduleux miroir,
Où tes divers tableaux que ridait le zéphire
Brillaient et s'effaçaient comme un léger sourire
Que l'œil voudrait fixer et ne fait qu'entrevoir;

» Quand tes cimes portaient le palais des nuages,
Et que, fendant soudain leur cintre divisé,
Les rayons, se mêlant aux lueurs des orages,
    Sur les flancs des rochers sauvages
    Ruisselaient de plages en plages,
Comme un éclair perçant sous un dôme brisé;
Quand ce jour faux et teint d'une couleur qui change,
    Flottant au gré de l'aquilon,
Comme un reflet de feu des ailes d'un archange,
Glissait en colorant ton magique horizon,
Et, frappant tour à tour ta crête ou tes abîmes,
Faisait étinceler tes neiges sur tes cimes,
Tes cascades pleuvant dans leurs gouffres poudreux,
Tes hameaux blanchissant sur un fond ténébreux,
Tes fleuves engouffrés sous leur arche arrondie,
Et tes mers écumant comme un vaste incendie,
Et les toits des cités resplendissant de feux :

» Oh! qui pouvait te voir sans palpiter d'extase,
Sans tomber à genoux devant ton créateur?
Oh! qui pourrait te voir sans qu'un poids ne l'écrase,
Un poids comme le mien, de honte et de malheur?

» Que d'êtres animait ton âme intarissable,
Depuis l'humble fourmi dans ses cités de sable
Jusqu'à l'aigle du ciel qui dormait sur le vent!
Dans tes jeux infinis que de force et de grâce,
Depuis le cygne blanc qui vogue sur la trace
    Du cygne sur l'onde glissant,
Depuis le doux ramier dont le cou s'entrelace
    Au cou du ramier gémissant,
Depuis le paon altier dont l'aube peint la roue,
Depuis le lévrier dont les flancs sont la proue,
Depuis le fier coursier au cœur obéissant,
Jusqu'au lourd éléphant, tour vivante et mobile,
Que la voix d'un enfant par l'amour rend docile,
    Jusqu'au lion frémissant
Qui d'un ongle courbé creuse en vain la poussière,
Fait dans ses sourds naseaux rugir l'air menaçant,
Et, de son cou gonflé secouant la crinière,
Renvoie obliquement l'éclair de la lumière,
    Et n'a sous sa paupière
    Que des feux et du sang!

» Et quelle vaste intelligence
S'élevait par degrés de la terre au Seigneur,
Depuis l'instinct grossier de la brute existence,
Depuis l'aveugle soif du terrestre bonheur,
Jusqu'à l'âme qui loue, et qui prie, et qui pense,
    Jusqu'au soupir d'un cœur
Qu'emporte d'un seul trait l'immortelle espérance
    Au sein de son auteur!

» O race aveugle! ô race à sa perte obstinée!
Hommes qui n'avez rien conquis que le trépas,

Qu'aviez-vous à faire ici-bas?
Jouir, aimer, bénir, c'était leur destinée!
L'ange enviait leur sort, il ne leur suffit pas!

» Et le voilà, cet enfant de lumière!
Et le voilà cet héritier des cieux!
Pas un souffle, un soupir! muet comme la pierre!
Et toute cette poussière
Se crut une fois des dieux! »

Il dit; et, remontant aux voûtes éternelles,
Il secoua de loin la poudre de ses ailes,
Pour la revoir encore une fois s'abaissa;
Puis son ombre divine à jamais s'effaça.

COMMENTAIRE

DE LA DIXIÈME HARMONIE

Ceci est un fragment d'un poëme sacré sur les mondes, qui n'a jamais été fini.

XI

LES SAISONS

XI

LES SAISONS

———

A M. CABARRUS

Au printemps, les lis des champs filent
Leur tunique aux chastes couleurs;
Les gouttes que les nuits distillent
Le matin se changent en fleurs.
La terre est un faisceau de tiges
Dont l'odeur donne des vertiges
Qui font délirer tous les sens;
Les brises folles, les mains pleines,
Portent à Dieu, dans leurs haleines
Tout ce que ce globe a d'encens.

En été, les feuillages sombres,
Où flottent les chants des oiseaux,
Jettent le voile de leurs ombres
Entre le soleil et les eaux ;
Des sillons les vagues fécondes
Font un océan de leurs ondes,
Où s'entre-choquent les épis ;
Le chaume, en or changeant ses herbes,
Fait un oreiller de ses gerbes
Sous les moissonneurs assoupis.

Ainsi qu'une hôtesse attentive
Après le pain donne le miel,
L'automne à l'homme son convive
Sert tour à tour les fruits du ciel :
Le raisin pend, la figue pleure,
La banane épaissit son beurre,
La cerise luit sous l'émail,
La pêche de duvet s'épluche,
Et la grenade, verte ruche,
Ouvre ses rayons de corail.

L'hiver, du lait des neiges neuves
Couvrant les nuageux sommets,
Gonfle ces mamelles des fleuves.
D'un suc qui ne tarit jamais.
Le bois mort, ce fruit de décembre,
Tombe du chêne que démembre
La main qui le fit verdoyer,
Et, couvé dans le creux de l'âtre,
Il rallume au souffle du pâtre
Le feu, ce soleil du foyer.

O Providence! ô vaste aumône
Dont tout être est le mendiant!
Vœux et grâce autour de ton trône
Montent sans cesse en suppliant.
Quels pleurs ou quels parfums répandre?...
Hélas! nous n'avons à te rendre
Rien, que les dons que tu nous fais.
Reçois de toute créature
Ce *Te Deum* de la nature,
Ses misères et tes bienfaits!

XII

LE SOLITAIRE

XII

LE SOLITAIRE

HYMNE

L'aube sur le rocher lance un trait de lumière ;
L'oiseau chante avant moi : « Béni soit le Seigneur ! »
　　Ce nom est plus tôt dans mon cœur
　　Que le jour n'est dans ma paupière.

Je disais autrefois : « Que ferai-je aujourd'hui ? »
Et la gloire, et l'amour, et mes vaines pensées,
Disputaient au réveil mes heures insensées ;
Mais le cœur me disait : « Tous les jours sont à lui ! »

Tous mes jours maintenant sont à lui dès l'aurore,
  Ils sont à lui jusqu'au sommeil :
C'est en lui que mon cœur se lève à mon réveil,
Mon cœur, en s'endormant, en lui se couche encore.
Je ne me souviens plus quel sens avaient ces mots :
Amour qu'use le temps, gloire qu'un jour efface,
Espoir qui nous trahit, volupté qui nous lasse,
Ils n'ont pas dans mon âme imprimé plus de trace
  Que le nuage sur les flots !
Ils sont à mon oreille une langue étrangère
Qu'on entend résonner et qu'on ne comprend pas ;
Et j'ai même oublié l'impression légère
Qu'ils faisaient sur mon cœur quand j'étais d'ici-bas.

Ah ! qu'une seule idée à sa source élancée
Fait franchir de distance à l'âme qui la suit !
Qu'un seul rayon d'en haut éclaire la pensée !
Le jour diffère moins des ombres de la nuit,
Et le couchant, Seigneur, est moins loin de l'aurore,
  Que l'âme qui t'adore
  De l'âme qui te fuit !

Depuis que, des mortels abandonnant la scène,
J'ai rejeté le pain dont leurs cœurs sont nourris,
Mes cheveux ont blanchi comme le tronc du chêne,
En rides sur mon front mes jours se sont écrits,
Et les ans, lourds anneaux ajoutés à ma chaîne,
Ont courbé sous leur poids mes membres amaigris.
Mais je n'ai pas compté combien de fois la terre
A respiré d'en haut le souffle du printemps ;
  Combien de fois sur mon roc solitaire
L'aigle a changé sa plume et le chêne ses glands.

A mon âme, ô mon Dieu, de toi seul possédée,
Que sert un temps écrit? que sert un jour compté?
Tous les temps n'ont qu'un jour à qui n'a qu'une idée :
Celui qui vit en toi date en éternité!

  Le silence et la solitude
  De leur rouille ont usé mes sens ;
Mon oreille des sons a perdu l'habitude ;
Ma bouche pour parler cherche en vain des accents ;
  Mon corps, courbé par la prière,
Insensible au soleil, aux hivers endurci,
  Est aussi rude que la pierre
  Que mes pieds nus foulent ici.

Mais le sens qui t'adore a grandi dans mon âme,
C'est le seul désormais dont ma vie ait besoin ;
Il voit, il sent, il touche, il entend, il proclame
Les choses de plus haut, et son Dieu de plus loin !
Pour s'élever à toi mon aile est plus rapide,
Mon esprit plus muet en toi s'anéantit !
  Ainsi, plus le temple est vide,
  Plus l'écho sacré retentit.

XIII

SUR L'IMAGE DU CHRIST

ÉCRASANT LE MAL

XIII

SUR L'IMAGE DU CHRIST

ÉCRASANT LE MAL

Tu l'as mal écrasé, Christ, ce reptile immonde
Que toute vérité trouve sur son chemin !
De ses hideux replis il enlace le monde,
Et son dard profond reste aux flancs du genre humain.

Tu nous avais promis que l'horrible vipère
Ne renoûrait jamais ses livides tronçons,
Que l'homme serait fils, que le Dieu serait père,
Et que tu paîrais seul les terrestres rançons.

Deux mille ans sont passés, et l'homme attend encore :
Ah! remonte à ton Père, ange de l'avenir,
Et dis-lui que le soir a remplacé l'aurore,
Et que le don céleste est trop lent à venir.

XIV

LE PREMIER REGRET

XIV

LE PREMIER REGRET

ÉLÉGIE

Sur la plage sonore où la mer de Sorrente
Déroule ses flots bleus, au pied de l'oranger
Il est près du sentier, sous la haie odorante,
Une pierre petite, étroite, indifférente
     Aux pas distraits de l'étranger.
La giroflée y cache un seul nom sous ses gerbes,
Un nom que nul écho n'a jamais répété !

Quelquefois seulement le passant arrêté,
Lisant l'âge et la date en écartant les herbes,
Et sentant dans ses yeux quelques larmes courir,
Dit : « Elle avait seize ans : c'est bien tôt pour mourir ! »

Mais pourquoi m'entraîner vers ces scènes passées ?
Laissons le vent gémir et le flot murmurer ;
Revenez, revenez, ô mes tristes pensées !
    Je veux rêver, et non pleurer.

―――

Dit : « Elle avait seize ans ! » Oui, seize ans ! et cet âge
N'avait jamais brillé sur un front plus charmant,
Et jamais tout l'éclat de ce brûlant rivage
Ne s'était réfléchi dans un œil plus aimant !
Moi seul je la revois, telle que la pensée
Dans l'âme, où rien ne meurt, vivante l'a laissée,
Vivante comme à l'heure où, les yeux sur les miens,
Prolongeant sur la mer nos premiers entretiens,
Ses cheveux noirs livrés au vent qui les dénoue,
Et l'ombre de la voile errante sur sa joue,
Elle écoutait le chant du nocturne pêcheur,
De la brise embaumée aspirait la fraîcheur,
Me montrait dans le ciel la lune épanouie
Comme une fleur des nuits dont l'aube est réjouie,
Et l'écume argentée, et me disait : « Pourquoi
Tout brille-t-il ainsi dans les airs et dans moi ?
Jamais ces champs d'azur semés de tant de flammes,
Jamais ces sables d'or où vont mourir les lames,
Ces monts dont les sommets tremblent au fond des cieux,
Ces golfes couronnés de bois silencieux,

Ces lueurs sur la côte et ces chants sur les vagues,
N'avaient ému mes sens de voluptés si vagues.
Pourquoi comme ce soir n'ai-je jamais rêvé?
Un astre dans mon cœur s'est-il aussi levé?
Et toi, fils du matin, dis, à ces nuits si belles
Les nuits de ton pays, sans moi, ressemblaient-elles? »
Puis, regardant sa mère assise auprès de nous,
Posait pour s'endormir son front sur ses genoux.

Mais pourquoi m'entraîner vers ces scènes passées?
Laissons le vent gémir et le flot murmurer;
Revenez, revenez, ô mes tristes pensées!
    Je veux rêver, et non pleurer.

Que son œil était pur et sa lèvre candide!
Que son ciel inondait son âme de clarté!
Le beau lac de Némi, qu'aucun souffle ne ride,
A moins de transparence et de limpidité.
Dans cette âme, avant elle, on voyait ses pensées;
Ses paupières jamais, sur ses beaux yeux baissées,
Ne voilaient son regard d'innocence rempli;
Nul souci sur son front n'avait laissé son pli;
Tout folâtrait en elle : et ce jeune sourire,
Qui plus tard sur la bouche avec tristesse expire,
Sur sa lèvre entr'ouverte était toujours flottant,
Comme un pur arc-en-ciel sur un jour éclatant.
Nulle ombre ne voilait ce ravissant visage,
Ce rayon n'avait pas traversé de nuage.
Son pas insouciant, indécis, balancé,
Flottait comme un flot libre où le jour est bercé,

Ou courait pour courir; et sa voix argentine,
Écho limpide et pur de son âme enfantine,
Musique de cette âme où tout semblait chanter,
Égayait jusqu'à l'air qui l'entendait monter.

Mais pourquoi m'entraîner vers ces scènes passées?
Laissons le vent gémir et le flot murmurer;
Revenez, revenez, ô mes tristes pensées!
  Je veux rêver, et non pleurer.

———

Mon image en son cœur se grava la première,
Comme dans l'œil qui s'ouvre au matin, la lumière;
Elle ne regarda plus rien après ce jour :
De l'heure qu'elle aima, l'univers fut amour!
Elle me confondait avec sa propre vie,
Voyait tout dans mon âme; et je faisais partie
De ce monde enchanté qui flottait sous ses yeux,
Du bonheur de la terre et de l'espoir des cieux.
Elle ne pensait plus au temps, à la distance;
L'heure seule absorbait toute son existence;
Avant moi, cette vie était sans souvenir;
Un soir de ces beaux jours était tout l'avenir!
Elle se confiait à la douce Nature
Qui souriait sur nous; à la prière pure
Qu'elle allait, le cœur plein de joie, et non de pleurs,
A l'autel qu'elle aimait répandre avec ses fleurs :
Et sa main m'entraînait aux marches de son temple,
Et comme un humble enfant je suivais son exemple,
Et sa voix me disait tout bas : « Prie avec moi;
Car je ne comprends pas le ciel même sans toi! »

Mais pourquoi m'entraîner vers ces scènes passées?
Laissons le vent gémir et le flot murmurer;
Revenez, revenez, ô mes tristes pensées!
    Je veux rêver, et non pleurer.

Voyez, dans son bassin, l'eau d'une source vive
S'arrondir comme un lac sous son étroite rive,
Bleue et claire, à l'abri du vent qui va courir,
Et du rayon brûlant qui pourrait la tarir :
Un cygne blanc nageant sur la nappe limpide,
En y plongeant son cou qu'enveloppe la ride,
Orne sans le ternir le liquide miroir,
Et s'y berce au milieu des étoiles du soir ;
Mais si, prenant son vol vers des sources nouvelles,
Il bat le flot tremblant de ses humides ailes,
Le ciel s'efface au sein de l'onde qui brunit,
La plume à grands flocons y tombe, et la ternit,
Comme si le vautour, ennemi de sa race,
De sa mort sur les flots avait semé la trace;
Et l'azur éclatant de ce lac enchanté
N'est plus qu'une onde obscure où le sable a monté.
Ainsi, quand je partis, tout trembla dans cette âme;
Le rayon s'éteignit, et sa mourante flamme
Remonta dans le ciel pour n'en plus revenir.
Elle n'attendit pas un second avenir,
Elle ne languit pas de doute en espérance,
Et ne disputa pas sa vie à la souffrance;
Elle but d'un seul trait le vase de douleur,
Dans sa première larme elle noya son cœur;
Et, semblable à l'oiseau moins pur et moins beau qu'elle
Qui le soir pour dormir met son cou sous son aile,

Elle s'enveloppa d'un muet désespoir,
Et s'endormit aussi; mais, hélas! loin du soir!

Mais pourquoi m'entraîner vers ces scènes passées?
Laissons le vent gémir et le flot murmurer;
Revenez, revenez, ô mes tristes pensées!
    Je veux rêver, et non pleurer.

Elle a dormi quinze ans dans sa couche d'argile,
Et rien ne pleure plus sur son dernier asile;
Et le rapide oubli, second linceul des morts,
A couvert le sentier qui menait vers ces bords;
Nul ne visite plus cette pierre effacée,
Nul n'y songe et n'y prie!... excepté ma pensée,
Quand, remontant le flot de mes jours révolus,
Je demande à mon cœur tous ceux qui n'y sont plus,
Et que, les yeux flottants sur de chères empreintes,
Je pleure dans mon ciel tant d'étoiles éteintes!
Elle fut la première, et sa douce lueur
D'un jour pieux et tendre éclaire encor mon cœur.

Mais pourquoi m'entraîner vers ces scènes passées?
Laissons le vent gémir et le flot murmurer;
Revenez, revenez, ô mes tristes pensées!
    Je veux rêver, et non pleurer.

Un arbuste épineux, à la pâle verdure,
Est le seul monument que lui fit la nature :
Battu des vents de mer, du soleil calciné,
Comme un regret funèbre au cœur enraciné,
Il vit dans le rocher sans lui donner d'ombrage;
La poudre du chemin y blanchit son feuillage;
Il rampe près de terre, où ses rameaux penchés
Par la dent des chevreaux sont toujours retranchés :
Une fleur au printemps, comme un flocon de neige,
Y flotte un jour ou deux; mais le vent qui l'assiége
L'effeuille avant qu'elle ait répandu son odeur,
Comme la vie avant qu'elle ait charmé le cœur!
Un oiseau de tendresse et de mélancolie
S'y pose pour chanter sur le rameau qui plie!
Oh! dis, fleur que la vie a fait si tôt flétrir,
N'est-il pas une terre où tout doit refleurir?

Remontez, remontez à ces heures passées!
Vos tristes souvenirs m'aident à soupirer.
Allez où va mon âme, allez, ô mes pensées!
    Mon cœur est plein, je veux pleurer.

COMMENTAIRE

DE LA QUATORZIÈME HARMONIE

C'était la pensée de *Graziella*. On connaît Graziella par les *Confidences*. Je n'ai rien à y ajouter en ce moment. Mais voici comment ces vers coulèrent un soir de mon cœur, longtemps après la mort de Graziella.

C'était en 1830, deux mois avant la révolution de Juillet, au printemps. J'étais en congé à Paris; je demeurais alors dans le bel hôtel du prince de Monaco, rue Saint-Guillaume.

Un jour, ma femme me pria de l'accompagner à vêpres à Saint-Roch. Pendant que les prêtres chantaient les psaumes, je me tenais debout à l'ombre d'un pilier auquel était suspendu un tableau représentant l'exhumation d'une vierge. A la place du cercueil, on trouve des lis.

Ce tableau me rappela Graziella. Je sentis un grand coup au cœur; je n'entendis plus rien, et ces vers roulèrent dans ma pensée, avec quelques larmes dans mes yeux. Je rentrai, et je m'assis pour écrire ces strophes. J'écrivis en rêvant et en pleurant jusqu'à près de six heures.

En ce moment on m'annonça la visite de deux hommes littéraires et politiques éminents, que je voyais quelquefois alors. C'étaient M. Thiers et M. Mignet. Un ami commun nous avait mis en rapport. Ils me demandèrent de quoi j'étais occupé : « D'un triste souvenir, » leur dis-je ; et je leur lus quelques-uns de ces vers. Ils en parurent émus. Le lendemain, je les terminai. Depuis, nous nous sommes rencontrés dans les académies, dans les assemblées, à la tribune, dans les révolutions, souvent pour nous combattre, jamais pour nous flétrir. Bien que ces hommes soient du nombre de ceux dont j'ai été le plus séparé par les événements et par les opinions, j'ai toujours conservé, de ces relations trop vite rompues, une vive réminiscence, et ce goût pour eux qui s'accommode si bien de l'admiration. Cette circonstance n'y est-elle pas pour quelque chose ? Des vers confiés à l'oreille, dans leur première émotion, sont un gage du cœur qu'on ne retire jamais tout entier.

XV

LE GRILLON

XV

LE GRILLON

MÉLODIE POUR MUSIQUE

Grillon solitaire
Ici comme moi,
Voix qui sort de terre,
Ah! réveille-toi!
J'attise la flamme,
C'est pour t'égayer;
Mais il manque une âme,
Une âme au foyer!

Grillon solitaire,
Voix qui sort de terre,
Ah! réveille-toi
  Pour moi!

Quand j'étais petite
Comme ce berceau,
Et que Marguerite
Filait son fuseau;
Quand le vent d'automne
Faisait tout gémir,
Ton cri monotone
M'aidait à dormir.

Grillon solitaire,
Voix qui sort de terre,
Ah! réveille-toi
  Pour moi!

Seize fois l'année
A compté mes jours;
Dans la cheminée
Tu niches toujours.
Je t'écoute encore
Aux froides saisons,
Souvenir sonore
Des vieilles maisons!

Grillon solitaire,
Voix qui sort de terre,
Ah! réveille-toi
  Pour moi! . .

Qu'il a moins de charmes
Ton chant qu'autrefois!
As-tu donc nos larmes
Aussi dans ta voix?
Pleures-tu l'aïeule,
La mère et la sœur?
Vois, je peuple seule
Ce foyer du cœur!...

Grillon solitaire,
Voix qui sort de terre,
Ah! réveille-toi
　　Pour moi!

L'âtre qui petille,
Le cri renaissant,
Des voix de famille
M'imitent l'accent;
Mon âme s'y plonge;
Je ferme les yeux,
Et j'entends en songe
Mes amis des cieux.

Grillon solitaire,
Voix qui sort de terre,
Ah! réveille-toi
　　Pour moi!

Tu me dis des choses,
Des choses au cœur,
Comme en dit aux roses
Leur oiseau rêveur!...

Qu'il chante pour elles
Ses notes au vol!
Voix triste et sans ailes,
Sois mon rossignol!

Grillon solitaire,
Voix qui sort de terre,
Ah! réveille-toi
    Pour moi!

Monceau, 29 mai 1845.

XVI

NOVISSIMA VERBA

OU

MON AME EST TRISTE JUSQU'A LA MORT

XVI

NOVISSIMA VERBA

ou

MON AME EST TRISTE JUSQU'A LA MORT

La nuit roule en silence, autour de nos demeures,
Sur les vagues du ciel la plus noire des heures;
Nul rayon sur mes yeux ne pleut du firmament,
Et la brise n'a plus même un gémissement,
Une plainte qui dise à mon âme aussi sombre :
« Quelque chose avec toi meurt et se plaint dans l'ombre ! »
Je n'entends au dehors que le lugubre bruit
Du balancier qui dit : « Le temps marche et te fuit ! »

Au dedans, que le pouls, balancier de la vie,
Dont les coups inégaux, dans ma tempe engourdie,
M'annoncent sourdement que le doigt de la mort
De la machine humaine a pressé le ressort,
Et que, semblable au char qu'un coursier précipite,
C'est pour mieux se briser qu'il s'élance plus vite.

———

Et c'est donc là le terme! — Ah! s'il faut une fois
Que chaque homme à son tour élève enfin la voix,
C'est alors, c'est avant qu'une terre glacée
Engloutisse avec lui sa dernière pensée;
C'est à cette heure même où, près de s'exhaler,
Toute âme a son secret qu'elle veut révéler,
Son mot à dire au monde, à la mort, à la vie,
Avant que pour jamais, éteinte, évanouie,
Elle en ait disparu, comme un feu de la nuit
Qui ne laisse après soi ni lumière ni bruit!
Que laissons-nous, ô vie, hélas! quand tu t'envoles?
Rien, que ce léger bruit des dernières paroles,
Court écho de nos pas, pareil au bruit plaintif
Que fait en palpitant la voile de l'esquif,
Au murmure d'une eau courante et fugitive
Qui gémit sur sa pente et se plaint à sa rive.
Ah! donnons-nous du moins ce charme consolant
D'entendre murmurer ce souffle en l'exhalant!
Parlons, puisqu'un vain son que suit un long silence
Est le seul monument de toute une existence,
La pierre qui constate une vie ici-bas;
Comme ces marbres noirs qu'on élève au trépas
Dans ces champs, du cercueil solitaire domaine,
Qui marquent d'une date une poussière humaine,

Et disent à notre œil, de néant convaincu :
« Un homme a passé là ! cette argile a vécu ! »

———

Paroles, faible écho qui trompez le génie ;
Enfantement sans fruit ! douloureuse agonie
De l'âme consumée en efforts impuissants,
Qui veut se reproduire au moins dans ses accents,
Et qui, lorsqu'elle croit contempler son image,
Vous voit évanouir en fumée, en nuage :
Ah ! du moins aujourd'hui servez mieux ma douleur !
Condensez-vous, ainsi que l'ardente vapeur
Qui, s'élevant le soir des sommets de la terre,
Se condense en nuée et jaillit en tonnerre !
Comme l'eau des torrents, parole, amasse-toi,
Afin de révéler ce qui s'agite en moi ;
Pour dire à cet abîme appelé vie ou tombe,
A la nuit d'où je sors, à celle où je retombe,
A ce je ne sais quoi qui m'envie un instant ;
Pour lui dire à mon tour, sans savoir s'il m'entend :
« Et moi je passe aussi parmi l'immense foule
D'êtres créés, détruits, qui devant toi s'écoule !
J'ai vu, pensé, senti, souffert ; et je m'en vais.
Ébloui d'un éclair qui s'éteint pour jamais,
Et saluant d'un cri d'horreur ou d'espérance
La rive que je quitte et celle où je m'élance,
Comme un homme jugé, condamné sans retour
A se précipiter du sommet d'une tour,
Au moment formidable où son pied perd la cime,
D'un cri de désespoir remplit du moins l'abîme ! »

———

J'ai vécu, c'est-à-dire à moi-même inconnu,
Ma mère en gémissant m'a jeté faible et nu;
J'ai compté dans le ciel le coucher et l'aurore
D'un astre qui descend pour remonter encore,
Et dont l'homme qui s'use à les compter en vain
Attend, toujours trompé, toujours un lendemain.
Mon âme a, quelques jours, animé de sa vie
Un peu de cette fange à ces sillons ravie,
Qui répugnait à vivre et tendait à la mort,
Faisait pour se dissoudre un éternel effort,
Et que par la douleur je retenais à peine :
La douleur! nœud fatal, mystérieuse chaîne
Qui dans l'homme étonné réunit pour un jour
Deux natures luttant dans un contraire amour,
Et dont chacune à part serait digne d'envie,
L'une dans son néant et l'autre dans sa vie,
Si la vie et la mort ne sont pas même, hélas!
Deux mots créés par l'homme, et que Dieu n'entend pas!
Maintenant, ce lien que chacun d'eux accuse,
Près de se rompre enfin sous la douleur qui l'use,
Laisse s'évanouir comme un rêve léger
L'inexplicable tout qui veut se partager.
Je ne tenterai pas d'en renouer la trame,
J'abandonne à leur chance et mes sens et mon âme :
Qu'ils aillent où Dieu sait, chacun de leur côté!
Adieu, monde fuyant! Nature, humanité,
Vaine forme de l'être, ombre d'un météore,
Nous nous connaissons trop pour nous tromper encore!

———

Oui, je te connais trop, ô vie! et j'ai goûté
Tous tes flots d'amertume et de félicité,

Depuis les doux flocons de la brillante écume
Qui nage aux bords dorés de ta coupe qui fume,
Quand l'enfant enivré lui sourit, et croit voir
Une immortalité dans l'aurore et le soir,
Ou qu'en brisant les bords contre sa dent avide,
Le jeune homme d'un trait la savoure et la vide
Jusqu'à la lie épaisse et fade que le temps
Dépose au fond du vase, et mêle aux flots restants;
Quand de sa main tremblante un vieillard la soulève,
Et par seule habitude en répugnant l'achève.
Tu n'es qu'un faux sentier qui retourne à la mort,
Un fleuve qui se perd au sable dont il sort,
Une dérision d'un être habile à nuire,
Qui s'amuse sans but à créer pour détruire,
Et qui de nous tromper se fait un divin jeu!
Ou plutôt n'es-tu pas une échelle de feu
Dont l'échelon brûlant s'attache au pied qui monte,
Et qu'il faut cependant que tout mortel affronte?

———

Que tu sais bien dorer ton magique lointain!
Qu'il est beau l'horizon de ton riant matin,
Quand le premier amour et la fraîche espérance
Nous entr'ouvrent l'espace où notre âme s'élance,
N'emportant avec soi qu'innocence et beauté,
Et que d'un seul objet notre cœur enchanté
Dit comme Roméo : « Non, ce n'est pas l'aurore!
» Aimons toujours : l'oiseau ne chante pas encore! »
Tout le bonheur de l'homme est dans ce seul instant;
Le sentier de nos jours n'est vert qu'en le montant.
De ce point de la vie où l'on en sent le terme,
On voit s'évanouir tout ce qu'elle renferme;

L'espérance reprend son vol vers l'orient ;
On trouve au fond de tout le vide et le néant ;
Avant d'avoir goûté, l'âme se rassasie ;
Jusque dans cet amour qui peut créer la vie
On entend une voix : « Vous créez pour mourir ! »
Et le baiser de feu sent un frisson courir.
Quand le bonheur n'a plus ni lointain ni mystère,
Quand le nuage d'or laisse à nu cette terre,
Quand la vie une fois a perdu son erreur,
Quand elle ne ment plus, c'en est fait du bonheur !

———

Amour, être de l'être ! amour, âme de l'âme !
Nul homme plus que moi ne vécut de ta flamme !
Nul, brûlant de ta soif sans jamais l'épuiser,
N'eût sacrifié plus pour t'immortaliser !
Nul ne désira plus dans l'autre âme qu'il aime
De concentrer sa vie en se perdant soi-même,
Et, dans un monde à part de toi seul habité,
De se faire à lui seul sa propre éternité !
Femmes, anges mortels, création divine,
Seul rayon dont la vie un moment s'illumine,
Je le dis à cette heure, heure de vérité,
Comme je l'aurais dit quand devant la beauté
Mon cœur épanoui, qui se sentait éclore,
Fondait comme une neige aux rayons de l'aurore !
Je ne regrette rien de ce monde que vous :
Ce que la vie humaine a d'amer et de doux,
Ce qui la fait brûler, ce qui trahit en elle
Je ne sais quel parfum de la vie immortelle,
C'est vous seules ! Par vous toute joie est amour.
Ombres des biens parfaits du céleste séjour,

Vous êtes ici-bas la goutte sans mélange
Que Dieu laissa tomber de la coupe de l'ange,
L'étoile qui, brillant dans une vaste nuit,
Dit seule à nos regards qu'un autre monde luit,
Le seul garant enfin que le bonheur suprême,
Ce bonheur que l'amour puise dans l'amour même,
N'est pas un songe vain créé pour nous tenter;
Qu'il existe, ou plutôt qu'il pourrait exister,
Si, brûlant à jamais du feu qui nous dévore,
Vous et l'être adoré dont l'âme vous adore,
L'innocence, l'amour, le désir, la beauté,
Pouvaient ravir aux dieux leur immortalité!

———

Quand vous vous desséchez sur le cœur qui vous aime,
Ou que ce cœur flétri se dessèche lui-même,
Quand le foyer divin qui brûle encore en nous
Ne peut plus rallumer sa flamme éteinte en vous,
Que nul sein ne bat plus quand le nôtre soupire,
Que nul front ne rougit sous notre œil qu'il attire,
Et que la conscience avec un cri d'effroi
Nous dit : « Ce n'est plus toi qu'elles aiment en toi ! »
Alors, comme un esprit exilé de sa sphère
Se résigne en pleurant aux ombres de la terre,
Détachant de vos pas nos yeux voilés de pleurs,
Aux faux biens d'ici-bas nous dévouons nos cœurs :
Les uns, sacrifiant leur vie à leur mémoire,
Adorent un écho qu'ils appellent la gloire ;
Ceux-ci de la faveur assiégent les sentiers;
Et veulent au néant arriver les premiers ;
Ceux-là, des voluptés vidant la coupe infâme,
Pour mourir tout vivants assoupissent leur âme;

D'autres, accumulant pour enfouir encor,
Recueillent dans la fange une poussière d'or.
Mais mon œil a percé ces ombres de la vie :
Aucun de ces faux biens que le vulgaire envie,
Gloire, puissance, orgueil, éprouvés tour à tour,
N'ont pesé dans mon cœur un soupir de l'amour,
D'un de ses souvenirs même effacé la trace,
Ni de mon âme une heure agité la surface,
Pas plus que le nuage ou l'ombre des rameaux
Ne ride en s'y peignant la surface des eaux.
Après l'amour éteint si je vécus encore,
C'est pour la vérité, soif aussi qui dévore !

Ombre de nos désirs, trompeuse vérité,
Que de nuits sans sommeil ne m'as-tu pas coûté,
A moi comme aux esprits fameux de tous les âges
Que l'ignorance humaine, hélas ! appela sages,
Tandis qu'au fond du cœur riant de leur vertu,
Ils disaient en mourant : « Science, que sais-tu ? »
Ah ! si ton pur rayon descendait sur la terre,
Nous tomberions frappés comme par le tonnerre !
Mais ce désir est faux comme tous nos désirs,
C'est un soupir de plus parmi nos vains soupirs !
La tombe est de l'amour le fond lugubre et sombre ;
La vérité toujours a nos erreurs pour ombre,
Chaque jour prend pour elle un rêve de l'esprit
Qu'un autre jour salue, adore, et puis maudit !

Avez-vous vu, le soir d'un jour mêlé d'orage,
Le soleil qui descend de nuage en nuage,
A mesure qu'il baisse et retire le jour,
De ses reflets de feu les dorer tour à tour?
L'œil les voit s'enflammer sous son disque qui passe,
Et dans ce voile ardent croit adorer sa trace :
« Le voilà, dites-vous, dans la blanche toison
Que le souffle du soir balance à l'horizon !
Le voici dans les feux dont cette pourpre éclate ! »
Non, non, c'est lui teint ces flocons d'écarlate ;
Non, c'est lui qui, trahi par ce flux de clarté,
A fendu d'un rayon ce nuage argenté.
Voile impuissant! le jour sous l'obstacle étincelle !
C'est lui : la nue est pleine et la pourpre en ruisselle !
Et tandis que votre œil à cette ombre attaché
Croit posséder enfin l'astre déjà couché,
La nue à vos regards fond et se décolore ;
Ce n'est qu'une vapeur qui flotte et s'évapore ;
Vous le cherchez plus loin, déjà, déjà trop tard !
Le soleil est toujours au delà du regard ;
Et, le suivant en vain de nuage en nuage,
Non, ce n'est jamais lui, c'est toujours son image !
Voilà la vérité ! Chaque siècle à son tour
Croit soulever son voile et marcher à son jour ;
Mais celle qu'aujourd'hui notre ignorance adore
Demain n'est qu'un nuage ; une autre est près d'éclore !
A mesure qu'il marche et la proclame en vain,
La vérité qui fuit trompe l'espoir humain,
Et l'homme qui la voit dans ses reflets sans nombre
En croyant l'embrasser n'embrasse que son ombre.
Mais les siècles déçus, sans jamais se lasser,
Effacent leur chemin pour le recommencer !

La vérité complète est le miroir du monde :
Du jour qui sort de lui Dieu le frappe et l'inonde ;
Il s'y voit face à face, et seul il peut s'y voir.
Quand l'homme ose toucher à ce divin miroir,
Il se brise en éclats sous la main des plus sages,
Et ses fragments épars sont le jouet des âges.
Chaque siècle, chaque homme, assemblant ses débris,
Dit : « Je réunirai ces lueurs des esprits,
Et, dans un seul foyer concentrant la lumière,
La nature à mes yeux paraîtra tout entière ! »
Il dit, il croit, il tente ; il rassemble en tous lieux
Les lumineux fragments d'un tout mystérieux,
D'un espoir sans limite en rêvant il s'embrase,
Des systèmes humains il élargit la base,
Il encadre au hasard, dans cette immensité,
Système, opinion, mensonge, vérité ;
Puis, quand il croit avoir ouvert assez d'espace
Pour que dans son foyer l'infini se retrace,
Il y plonge ébloui ses avides regards,
Un jour foudroyant sort de ces morceaux épars :
Mais son œil, partageant l'illusion commune,
Voit mille vérités où Dieu n'en a mis qu'une.
Ce foyer, où le tout ne peut jamais entrer,
Disperse les lueurs qu'il devait concentrer :
Comme nos vains pensers l'un l'autre se détruisent,
Ses rayons divergents se croisent et se brisent ;
L'homme brise à son tour son miroir en éclats,
Et dit en blasphémant : « Vérité, tu n'es pas ! »

Non, tu n'es pas en nous ! tu n'es que dans nos songes,
Le fantôme changeant de nos propres mensonges,

Le reflet fugitif de quelque astre lointain
Que l'homme croit saisir et qui fond sous sa main,
L'écho vide et moqueur des mille voix de l'homme,
Qui nous répond toujours par le mot qu'on lui nomme!
Ta poursuite insensée est sa dernière erreur :
Mais ce vain désir même a tari dans mon cœur ;
Je ne cherche plus rien à tes clartés funèbres,
Je m'abandonne en paix à ces flots de ténèbres.
Comme le nautonier, quand le pôle est perdu,
Quand sur l'étoile même un voile est étendu,
Laissant flotter la barre au gré des vagues sombres,
Croise les bras et siffle, et se résigne aux ombres,
Sûr de trouver partout la ruine et la mort,
Indifférent au moins par quel vent, sur quel bord.

Ah! si vous paraissiez sans ombre et sans emblème,
Source de la lumière, et toi lumière même,
Ame de l'Infini, qui resplendit de toi!
Si, frappés seulement d'un rayon de ta foi,
Nous te réfléchissions dans notre intelligence
Comme une mer obscure où nage un disque immense,
Tout s'évanouirait devant ce pur soleil,
Comme l'ombre au matin, comme un songe au réveil ;
Tout s'évaporerait sous le rayon de flamme :
La matière, et l'esprit, et les formes, et l'âme,
Tout serait pour nos yeux, à ta pure clarté,
Ce qu'est la pâle image à la réalité.
La vie, à ton aspect, ne serait plus la vie,
Elle s'élèverait triomphante et ravie ;
Ou, si ta volonté comprimait son transport,
Elle ne serait plus qu'une éternelle mort!

Malgré le voile épais qui te cache à ma vue,
Voilà, voilà mon mal! c'est ta soif qui me tue!
Mon âme n'est vers toi qu'un éternel soupir,
Une veille que rien ne peut plus assoupir;
Je meurs de ne pouvoir nommer ce que j'adore,
Et si tu m'apparais, tu vois, je meurs encore!

———

Et, de mon impuissance à la fin convaincu,
Me voilà! demandant si j'ai jamais vécu,
Touchant au terme obscur de mes courtes années,
Comptant mes pas perdus et mes heures sonnées,
Aussi surpris de vivre, aussi vide, aussi nu,
Que le jour où l'on dit : « Un enfant m'est venu! »
Prêt à rentrer sous l'herbe, à tarir, à me taire,
Comme le filet d'eau qui, surgi de la terre,
Y rentre de nouveau par la terre englouti,
A quelques pas du sol dont il était sorti.
Seulement, cette eau fuit sans savoir qu'elle coule,
Ce sable ne sait pas où la vague le roule;
Ils n'ont ni sentiment, ni murmure, ni pleurs :
Et moi, je vis assez pour sentir que je meurs!
Mourir! ah! ce seul mot fait horreur de la vie!
L'éternité vaut-elle une heure d'agonie?
La douleur nous précède et nous enfante au jour,
La douleur à la mort nous enfante à son tour!
Je ne mesure plus le temps qu'elle me laisse,
Comme je mesurais, dans ma verte jeunesse,
En ajoutant aux jours de longs jours à venir;
Mais, en les retranchant de mon court avenir,
Je dis : « Un jour de plus, un jour de moins; l'aurore
Me retranche un de ceux qui me restaient encore;

Je ne les attends plus, comme dans mon matin,
Pleins, brillants, et dorés des rayons du lointain,
Mais ternes, mais pâlis, décolorés et vides,
Comme une urne fêlée et dont les flancs arides
Laissent fuir l'eau du ciel que l'homme y cherche en vain,
Passé sans souvenir, présent sans lendemain ;
Et je sais que le jour est semblable à la veille,
Et le matin n'a plus de voix qui me réveille,
Et j'envie au tombeau le long sommeille qui dort,
Et mon âme est déjà triste comme la mort ! »

———

Triste comme la mort ! Et la mort souffre-t-elle ?
Le néant se plaint-il à la nuit éternelle ?
Ah ! plus triste cent fois que cet heureux néant
Qui n'a point à mourir et ne meurt pas vivant,
Mon âme est une mort qui se sent et se souffre ;
Immortelle agonie, abîme, immense gouffre
Où la pensée, en vain cherchant à s'engloutir,
En se précipitant ne peut s'anéantir ;
Un songe sans réveil, une nuit sans aurore,
Un feu sans aliment qui brûle et se dévore ;
Une cendre brûlante où rien n'est allumé,
Mais où tout ce qu'on jette est soudain consumé ;
Un délire sans terme, une angoisse éternelle !
Mon âme avec effroi regarde derrière elle,
Et voit son peu de jours passés, et déjà froids
Comme la feuille sèche autour du tronc des bois ;
Je regarde en avant, et je ne vois que doute
Et ténèbres, couvrant le terme de la route !
Mon être à chaque souffle exhale un peu de soi :
C'était moi qui souffrais, ce n'est déjà plus moi !

Chaque parole emporte un lambeau de ma vie;
L'homme ainsi s'évapore et passe; et quand j'appuie
Sur l'instabilité de cet être fuyant,
A ses tortures près tout semblable au néant,
Sur ce moi fugitif, insoluble problème
Qui ne se connaît pas et doute de soi-même,
Insecte d'un soleil, par un rayon produit,
Qui regarde une aurore et rentre dans la nuit,
Et que, sentant en moi la stérile puissance
D'embrasser l'infini dans mon intelligence,
J'ouvre un regard de Dieu sur la nature et moi,
Que je demande à tout, « Pourquoi? pourquoi? pourquoi? »
Et que, pour seul éclair et pour seule réponse,
Dans mon second néant je sens que je m'enfonce,
Que je m'évanouis en regrets superflus,
Qu'encore une demande, et je ne serai plus!!!
Alors je suis tenté de prendre l'existence
Pour un sarcasme amer d'une aveugle puissance,
De lui parler sa langue, et, semblable au mourant
Qui trompe l'agonie et rit en expirant,
D'abîmer ma raison dans un dernier délire,
Et de finir aussi par un éclat de rire!

Ou de dire : « Vivons, et dans la volupté
Noyons ce peu d'instants au néant disputé!
Le soir vient : dérobons quelques heures encore
Au temps qui nous les jette et qui nous les dévore;
Environs-nous du moins de ce poison humain
Que la mort nous présente en nous cachant sa main!
Jusqu'aux bords de la tombe il croît encor des roses,
De naissantes beautés pour le désir écloses,

Dont le cœur feint l'amour, dont l'œil sait l'imiter,
Et que l'orgueil ou l'or fait encore palpiter :
Plongeons-nous tout entiers dans ces mers de délices ;
Puis, au premier dégoût trouvé dans ces calices,
Avant l'heure où les sens, de l'ivresse lassés,
Font monter l'amertume et disent : « C'est assez ! »
Voilà la coupe pleine où de son ambroisie
Sous les traits du sommeil la mort éteint la vie ;
Buvons : voilà le flot qui ne fera qu'un pli
Et nous recouvrira d'un éternel oubli,
Glissons-y ; dérobons sa proie à l'existence,
A la mort sa douleur, au destin sa vengeance,
Ces langueurs que la vie au fond laisse croupir,
Et jusqu'au sentiment de son dernier soupir ;
Et, fût-il un réveil même à ce dernier somme,
Défions le destin de faire pis qu'un homme ! »

Mais cette lâche idée, où je m'appuie en vain,
N'est qu'un roseau pliant qui fléchit sous ma main :
Elle éclaire un moment le fond du précipice,
Mais comme l'incendie éclaire l'édifice,
Comme le feu du ciel dans un nuage errant
Éclaire l'horizon, mais en le déchirant ;
Ou comme la lueur lugubre et solitaire
De la lampe des morts qui veille sous la terre,
Éclaire le cadavre aride et desséché,
Et le ver du sépulcre à sa proie attaché.

Non, dans ce noir chaos, dans ce vide sans terme,
Mon âme sent en elle un point d'appui plus ferme,

La conscience! instinct d'une autre vérité,
Qui guide par sa force et non par sa clarté,
Comme on guide l'aveugle en sa sombre carrière,
Par la voix, par la main, et non par la lumière.
Noble instinct, conscience, ô vérité du cœur!
D'un astre encor voilé prophétique chaleur,
Tu m'annonces toi seule, en tes mille langages,
Quelque chose qui luit derrière ces nuages.
Dans quelque obscurité que tu plonges mes pas,
Même au fond de la nuit tu ne t'égares pas!
Quand ma raison s'éteint, ton flambeau luit encore :
Tu dis ce qu'elle tait, tu sais ce qu'elle ignore;
Quand je n'espère plus, l'espérance est ta voix;
Quand je ne crois plus rien, tu parles, et je crois!

———

Et ma main hardiment brise et jette loin d'elle
La coupe des plaisirs et la coupe mortelle;
Et mon âme, qui veut vivre et souffrir encor,
Reprend vers la lumière un généreux essor,
Et se fait, dans l'abîme où la douleur la noie,
De l'excès de sa peine une secrète joie;
Comme le voyageur parti dès le matin,
Qui ne voit pas encor le terme du chemin,
Trouve le ciel brûlant, le jour long, le sol rude,
Mais, fier de ses sueurs et de sa lassitude,
Dit en voyant grandir les ombres des cyprès :
« J'ai marché si longtemps que je dois être près! »
A ce risque fatal je vis, je me confie;
Et dût ce noble instinct, sublime duperie,
Sacrifier en vain l'existence à la mort,
J'aime à jouer ainsi mon âme avec le sort;

A dire, en répandant au seuil d'un autre monde
Mon cœur comme un parfum et mes jours comme une onde :
« Voyons si la vertu n'est qu'une sainte erreur,
L'espérance un dé faux qui trompe la douleur ;
Et si, dans cette lutte où son regard m'anime,
Le Dieu serait ingrat quand l'homme est magnanime ! »

———

Alors, semblable à l'ange envoyé du Très-Haut
Qui vint sur son fumier prendre Job en défaut,
Et qui, trouvant son cœur plus fort que ses murmures,
Versa l'huile du ciel sur ses mille blessures,
Le souvenir de Dieu descend, et vient à moi,
Murmure à mon oreille, et me dit : « Lève-toi ! »
Et, ravissant mon âme à son lit de souffrance,
Sous les regards de Dieu l'emporte et la balance ;
Et je vois l'infini poindre et se réfléchir
Jusqu'aux mers de soleils que la nuit fait blanchir.
Il répand ses rayons et voile la nature ;
Les concentre, et c'est Dieu ; lui seul est sa mesure ;
Il puise, sans compter les êtres et les jours,
Dans un être et des temps qui débordent toujours ;
Puis les rappelle à soi comme une mer immense
Qui retire sa vague et de nouveau la lance,
Et la vie et la mort sont sans cesse et sans fin
Ce flux et ce reflux de l'océan divin :
Leur grandeur est égale, et n'est pas mesurée
Par leur vile matière ou leur courte durée ;
Un monde est un atome à son immensité,
Un moment est un siècle à son éternité,
Et je suis, moi, poussière à ses pieds dispersée,
Autant que les soleils, car je suis sa pensée ;

Et chacun d'eux reçoit la loi qu'il lui prescrit,
La matière en matière, et l'esprit en esprit!
Graviter est la loi de ces globes de flamme;
Souffrir pour expier est le destin de l'âme;
Et je combats en vain l'arrêt mystérieux,
Et la vie et la mort, tout l'annonce à mes yeux.
L'une et l'autre ne sont qu'un divin sacrifice;
Le monde a pour salut l'instrument d'un supplice;
Sur ce rocher sanglant où l'arbre en fut planté
Les temps ont vu mûrir le fruit de vérité;
Et quand l'homme modèle et le Dieu du mystère,
Après avoir parlé, voulut quitter la terre,
Il ne couronna pas son front pâle et souffrant
Des roses que Platon respirait en mourant;
Il ne fit point descendre une échelle de flamme
Pour monter triomphant par les degrés de l'âme :
Son échelle céleste, à lui, fut une croix,
Et son dernier soupir, et sa dernière voix
Une plainte à son Père, un pourquoi sans réponse,
Tout semblable à celui que ma bouche prononce!...
Car il ne lui restait que le doute à souffrir,
Cette mort de l'esprit qui doit aussi mourir!...

Ou bien, de ces hauteurs rappelant ma pensée,
Ma mémoire ranime une trace effacée,
Et, de mon cœur trompé rapprochant le lointain,
A mes soirs pâlissants rend l'éclat du matin,
Et de ceux que j'aimais l'image évanouie
Se lève dans mon âme, et je revis ma vie!

. . . .
. . . .

. . . .
. . . .
. . . .
. . . .

———

Un jour, c'était aux bords où les mers du Midi
Arrosent l'aloès de leur flot attiédi,
Au pied du mont brûlant dont la cendre féconde
Des doux vallons d'Enna fait le jardin du monde ;
C'était aux premiers jours de mon précoce été,
Quand le cœur porte en soi son immortalité,
Quand nulle feuille encor par l'orage jaunie
N'a tombé sous nos pas de l'arbre de la vie,
Quand chaque battement qui soulève le cœur
Est un immense élan vers un vague bonheur,
Que l'air dans notre sein n'a pas assez de place,
Le jour assez de feux, le ciel assez d'espace,
Et que le cœur, plus fort que ses émotions,
Respire hardiment le vent des passions,
Comme au réveil des flots la voile du navire
Appelle l'ouragan, palpite, et le respire ;
Et je ne connaissais de ce monde enchanté
Que le cœur d'une mère et l'œil d'une beauté,
Et j'aimais ; et l'amour, sans consumer mon âme,
Dans une âme de feu réfléchissait sa flamme,
Comme ce mont brûlant que nous voyions fumer
Embrasait cette mer, mais sans la consumer ;
Et notre amour était beau comme l'espérance,
Long comme l'avenir, pur comme l'innocence.

« Et son nom? » Eh! qu'importe un nom? Elle n'est plus
Qu'un souvenir planant dans un lointain confus,
Dans les plis de mon cœur une image cachée,
Ou dans mon œil aride une larme séchée!
Et nous étions assis à l'heure du réveil,
Elle et moi, seuls, devant la mer et le soleil,
Sur les pieds tortueux des châtaigniers sauvages
Qui couronnent l'Etna de leurs derniers feuillages;
Et le jour se levait aussi dans notre cœur,
Long, serein, rayonnant, tout lumière et chaleur;
Les brises qui du pin touchaient les larges faîtes
Y prenaient une voix et chantaient sur nos têtes;
Par l'aurore attiédis les purs souffles des airs
En vagues de parfum montaient du lit des mers,
Et jusqu'à ces hauteurs apportaient par bouffées
Des flots sur les rochers les clameurs étouffées;
Des chants confus d'oiseaux, et des roucoulements,
Des cliquetis d'insecte, ou des bourdonnements,
Mille bruits dont partout la solitude est pleine,
Que l'oreille retrouve et perd à chaque haleine,
Témoignages de vie et de félicité,
Qui disaient : « Tout est vie, amour et volupté! »
Et je n'entendais rien que ma voix et la sienne,
La sienne, écho vivant qui renvoyait la mienne;
Et ces deux voix d'accord, vibrant à l'unisson,
Se confondaient en une et ne formaient qu'un son!

———

Et nos yeux descendaient d'étages en étages,
Des rochers aux forêts, des forêts aux rivages,
Du rivage à la mer, dont l'écume d'abord
D'une frange ondoyante y dessinait le bord;

Puis, étendant sans fin son bleu semé de voiles,
Semblait un second ciel tout blanchissant d'étoiles;
Et les vaisseaux allaient et venaient sur les eaux,
Rasant le flot de l'aile ainsi que des oiseaux,
Et quelques-uns, glissant le long des hautes plages,
Mêlaient leurs mâts tremblants aux arbres des rivages,
Et jusqu'à ces sommets on entendait monter
Les voix des matelots que le flot fait chanter.
Et l'horizon noyé dans des vapeurs vermeilles
S'y perdait; et mes yeux plongés dans ces merveilles,
S'égarant jusqu'aux bords de ce miroir si pur,
Remontaient dans le ciel de l'azur à l'azur,
Puis venaient, éblouis, se reposer encore
Dans un regard plus doux que la mer et l'aurore,
Dans les yeux enivrés d'un être ombre du mien,
Où mon délire encor se redoublait du sien !
Et nous étions en paix avec cette nature,
Et nous aimions ces prés, ce ciel, ce doux murmure,
Ces arbres, ces rochers, ces astres, cette mer;
Et toute notre vie était un seul aimer !
Et notre âme, limpide et calme comme l'onde,
Dans la joie et la paix réfléchissait le monde;
Et les traits concentrés dans ce brillant milieu
Y formaient une image, et l'image était... Dieu !
Et cette idée, ainsi dans nos cœurs imprimée,
N'en jaillissait point tiède, inerte, inanimée,
Comme l'orbe éclatant du céleste soleil
Qui flotte terne et froid dans l'océan vermeil,
Mais vivante et brûlante, et consumant notre âme,
Comme sort du bûcher une odorante flamme !
Et nos cœurs embrasés en soupirs s'exhalaient,
Et nous voulions lui dire... et nos cœurs seuls parlaient.
Et qui m'eût dit alors qu'un jour la grande image
De ce Dieu pâlirait sous l'ombre du nuage,

Qu'il faudrait le chercher en moi, comme aujourd'hui,
Et que le désespoir pouvait douter de lui :
J'aurais ri dans mon cœur de ma crainte insensée,
Ou j'aurais eu pitié de ma propre pensée.
Et les jours ont passé courts comme le bonheur,
Et les ans ont brisé l'image de mon cœur :
Tout s'est évanoui! Mais le souvenir reste
De l'apparition matinale et céleste;
Et comme ces mortels des temps mystérieux
Que visitaient jadis des envoyés des cieux,
Quand leurs yeux avaient vu la divine lumière,
S'attendaient à la mort et fermaient leur paupière,
Au rayon pâlissant de mon soir obscurci,
Je dis : « J'ai vu mon Dieu; je puis mourir aussi! »
Mais Celui dont la vie et l'amour sont l'ouvrage
N'a pas fait le miroir pour y briser l'image!

Et, sûr de l'avenir, je remonte au passé.
Quel est, sur ce coteau du matin caressé,
Aux bords de ces flots bleus qu'un jour du matin dore,
Ce toit champêtre et seul, d'où rejaillit l'aurore?
La fleur du citronnier l'embaume, et le cyprès
L'enveloppe au couchant d'un rempart sombre et frais,
Et la vigne, y couvrant de blanches colonnades,
Court en festons joyeux d'arcades en arcades;
La colombe au col noir roucoule sur les toits,
Et sur les flots dormants se répand une voix,
Une voix qui cadence une langue divine,
Et d'un accent si doux, que l'amour s'y devine.
Le portique au soleil est ouvert : une enfant
Au front pur, aux yeux bleus, y guide en triomphant

Un lévrier folâtre aussi blanc que la neige,
Dont le regard aimant la flatte et la protége.
De la plage voisine ils prennent le sentier,
Qui serpente à travers le myrte et l'églantier :
Une barque non loin, vide et légère encore,
Ouvre déjà sa voile aux brises de l'aurore,
Et, berçant sur leurs bancs les oisifs matelots,
Semble attendre son maître, et bondit sur les flots.

. . . .
. . . .

COMMENTAIRE

DE LA TREIZIÈME HARMONIE

J'ai écrit cette longue Harmonie en seize heures, le 3' novembre 1829, à Monculot. J'étais souffrant, j'avais passé une nuit d'insomnie. Je me levai avec le jour. Mon cœur criait comme celui de Job. Je pris le crayon; je voulus, une fois dans ma vie, avoir dit mon dernier mot à la création.

Les heures et les heures passèrent sur le cadran sans pouvoir m'arracher à mes pensées. Il pleuvait, un grand feu brûlait dans l'âtre; je ne pouvais sortir. Un vieil ami, M. de Capmas, chasseur et poëte, qui était mon seul compagnon dans ce vaste château, montait de temps en temps dans ma chambre, et emportait les pages écrites pour les copier plus lisiblement. J'avais une sourde fièvre : je ne mangeai rien de la journée. A minuit, je m'arrêtai sans avoir conclu, comme la vie s'arrête. Je n'ai plus voulu achever ces vers depuis.

Selon moi, ce sont là les vibrations les plus larges et les plus palpitantes de ma fibre de poëte et d'homme.

Si l'on n'écoute que ses sens, le dernier mot de la sensibilité humaine est *Malédiction;* si l'on écoute sa raison, le dernier mot de la vertu humaine est *Résignation.* Je n'étais pas assez pervers pour dire le premier; je n'étais pas assez vertueux pour dire le dernier. Je ne dis rien alors. Et maintenant je dis avec la nature entière : *Hosanna!*

XVII

A L'ESPRIT-SAINT

XVII

A L'ESPRIT-SAINT

CANTIQUE

Tu ne dors pas, souffle de vie,
Puisque l'univers vit toujours!
Ta sainte haleine vivifie
Les premiers et les derniers jours.
C'est toi qui répondis au Verbe qui te nomme,
Quand le chaos muet tressaillit comme un homme
Que d'une voix puissante on éveille en sursaut;
C'est toi qui t'agitas dans l'inerte matière,
Répétas dans les cieux la parole première,
Et comme un bleu tapis déroulas la lumière
Sous les pas du Très-Haut!

Tu fis aimer, tu fis comprendre
Ce que la parole avait dit;
Tu fis monter, tu fis descendre
Le Verbe qui se répandit;
Tu condensas les airs, tu balanças les nues,
Tu sondas des soleils les routes inconnues,
Tu fis tourner le ciel sur l'immortel essieu;
Tel qu'un guide avancé dans une voie obscure,
Tu donnas forme et vie à toute créature,
Et, pour tracer sa route à l'aveugle nature,
  Tu marchas devant Dieu!

Mais tu ne gardas pas sans cesse
Les mêmes formes à ses yeux :
Tu les pris toutes, ô Sagesse,
Afin de le glorifier mieux!
Tantôt brise et rayons, tantôt foudre et tempêtes,
Son terrible ou plaintif des harpes des prophètes,
Colonne qu'Israël voit marcher devant soi,
Parabole touchante ou sanglant sacrifice,
Sueur des Oliviers la veille du supplice,
Grâce et vertu coulant de ce divin calice,
  C'est toi, c'est toujours toi!

Le genre humain n'est qu'un seul être
Formé de générations;
Comme un seul homme on le voit naître :
Ton souffle est dans ses passions.
Jeune, son âme immense, orageuse et profonde,
Déborde à flots d'écume et ravage le monde;
Tu sèmes ses flocons de climats en climats;

Ton accent belliqueux a l'éclat du tonnerre,
Ton pas retentissant secoue au loin la terre,
Et le dieu qui te lance est le dieu de la guerre
      Servi par le trépas!

    Tu revêts la forme sanglante
    D'un héros, d'un peuple, d'un roi ;
    Tu foules la terre tremblante,
    Qui passe et se tait devant toi.
Mais quand le sang glacé dans ses veines s'arrête,
Le genre humain, qui sent que son heure s'apprête,
S'élève de la vie à l'immortalité :
Tu marches devant lui, sous l'ombre d'une idée!
D'un immense désir la terre est possédée,
Et, dans les flots d'erreur dont elle est inondée,
      Cherche une vérité!

    Alors tu descends; tu respires
    Dans ces sages, flambeaux mortels,
    Dans ces mélodieuses lyres
    Qui soupirent près des autels.
La pensée est ton feu, la parole est ton glaive!
L'esprit humain flottant s'abaisse et se relève,
Comme au roulis des mers le mât des matelots.
Mais tu choisis surtout les bardes dans la foule :
Dans leurs chants immortels l'inspiration coule;
Cette onde harmonieuse est le fleuve qui roule
      Le plus d'or dans ses flots.

    Où sont-ils, âme surhumaine,
    Ces instruments de tes desseins?

Où sont-ils, dès que ton haleine
A cessé d'embraser leurs seins?
Ils meurent les premiers!... Foyer qui se consume,
Flots qui rongent la rive et fondent en écume,
Arbres brisés du vent sous qui l'herbe a ployé!
En néant avant nous ils viennent se résoudre;
Tu jettes leur orgueil et leur nom dans la poudre,
Et ton doigt les éteint comme il éteint la foudre
  Quand elle a foudroyé.

Il se fait un vaste silence :
L'esprit dans ses ombres se perd,
Le doute étouffe l'espérance,
Et croit que le ciel est désert!
Puis tel qu'un chêne obscur, longtemps avant l'orage
Dont frémit tout à coup l'immobile feuillage,
Et dont l'oiseau s'enfuit sans entendre aucun son,
Le monde, où nul éclair ne te précède encore,
D'un inquiet ennui se trouble et se dévore,
Et, comme à son insu, de l'esprit qu'il ignore
  Sent le divin frisson!

Et le ciel se couvre, et la terre
Croit qu'un astre s'est approché;
Et nul ne comprend ce mystère,
Car ton maître est un Dieu caché.
Mais moi je te comprends, car je baisse la tête!
J'entends venir de loin la céleste tempête;
Et, d'un effroi stupide impassible témoin,
Quand de l'antique jour les clartés s'affaiblissent,
Que des lois et des mœurs les colonnes fléchissent,
Que la terre se trouble et que les cieux pâlissent,
  Je dis : « Il n'est pas loin! »

Les voilà ces heures divines!
Les voilà! Mes yeux, ouvrez-vous!
La poussière de nos ruines
S'élève entre le jour et nous.
De quel vent soufflera l'esprit que l'homme appelle?
L'âme avec plus de soif jamais l'attendit-elle?
Jamais passé sur nous croula-t-il plus entier?
Jamais l'homme vit-il à l'horizon des âges
Gronder sur l'avenir de plus sombres orages,
Et te prépara-t-il entre plus de nuages
    Un plus divin sentier?

    Fends la nue et suscite un homme,
    Un homme palpitant de toi!
    Que son front rayonnant le nomme
    Aux regards qui cherchent ta foi!
D'un autre Sinaï fais flamboyer la cime,
Retrempe au feu du ciel la parole sublime,
Ce glaive de l'esprit émoussé par le temps!
De ce glaive vivant arme une main mortelle;
Parais, descends, travaille, agite et renouvelle,
Et ranime de l'œil, et du vent de ton aile,
    Tes derniers combattants!

    Que la mer des erreurs s'amasse;
    Qu'elle soulève son limon,
    Pour engloutir l'heureuse race
    De ceux qui marchent en ton nom!
Sur la mer en courroux que ta droite s'étende!
Que ton souffle nous creuse une route, et suspende
Ces flots qui sous nos pas s'ouvrent comme un tombeau!
Que le gouffre trompé sur lui-même s'écroule!

Que l'écume des temps dans ses abîmes roule,
Et que le genre humain la traverse, et s'écoule
      Vers un désert nouveau!

      Je le vois : mon regard devance
      Les pas des siècles plus heureux !
      La colonne de l'espérance
      Marche, et m'éclaire de ses feux !
Tu souffleras plus pur sur des plages nouvelles ;
Ton aigle pour toujours n'a pas plié ses ailes ;
La nature à son Dieu garde encor de l'encens ;
Il est encor des pleurs sous de saintes paupières,
Du ciel dans les soupirs, dans les cœurs des prières ;
Et, sur ces harpes d'or qui chantent les dernières,
      Quelques divins accents !

      Oh! puissé-je, souffle suprême,
      Instrument de promission,
      Sous ton ombre frémir moi-même,
      Comme une harpe de Sion !
Puissé-je, écho mourant des paroles de vie,
De l'hymne universel être une voix choisie,
Et quand j'aurai chanté mon cantique au Seigneur,
Plein de l'esprit divin qui fait aimer et croire,
Ne laisser ici-bas pour trace et pour mémoire
Qu'une voix dans le temple, un son qui dise : « Gloire
      Au souffle créateur ! »

XVIII

LA HARPE DES CANTIQUES

XVIII

LA HARPE DES CANTIQUES

Seconde voix du cœur qui pleure,
Larme sonore du saint lieu,
Poésie, harpe intérieure,
Seule langue qui parle à Dieu !

Ce roi de la lyre divine,
A qui le Seigneur en fit don,
Te pressait contre sa poitrine
Pour lui dire, Grâce, ou Pardon !

Ah ! sur tes cordes attendries
Toute âme humaine a son accent.
La terre fume quand tu pries ;
Quand tu chantes, le ciel descend !

XIX

LES RÉVOLUTIONS

XIX

LES RÉVOLUTIONS

I

Quand l'Arabe altéré, dont le puits n'a plus d'onde,
A plié le matin sa tente vagabonde
Et suspendu la source aux flancs de ses chameaux,
Il salue en partant la citerne tarie,
Et, sans se retourner, va chercher la patrie
    Où le désert cache ses eaux.

Que lui fait qu'au couchant le vent de feu se lève,
Et, comme un océan qui laboure la grève,
Comble derrière lui l'ornière de ses pas,
Suspende la montagne où courait la vallée,
Où sème en flots durcis la dune amoncelée ?
    Il marche, et ne repasse pas.

Mais vous, peuples assis de l'Occident stupide,
Hommes pétrifiés dans votre orgueil timide,
Partout où le hasard sème vos tourbillons
Vous germez comme un gland sur vos sombres collines,
Vous poussez dans le roc vos stériles racines,
    Vous végétez sur vos sillons !

Vous taillez le granit, vous entassez les briques,
Vous fondez tours, cités, trônes ou républiques :
Vous appelez le temps, qui ne répond qu'à Dieu ;
Et, comme si des jours ce Dieu vous eût fait maître,
Vous dites à la race humaine encore à naître :
    « Vis, meurs, immuable en ce lieu !

» Recrépis le vieux mur écroulé sur ta race,
Garde que de tes pieds l'empreinte ne s'efface,
Passe à d'autres le joug que d'autres t'ont jeté !
Sitôt qu'un passé mort te retire son ombre,
Dis que le doigt de Dieu se sèche, et que le nombre
    Des jours, des soleils est compté ! »

En vain la mort vous suit et décime sa proie,
En vain le Temps, qui rit de vos Babels, les broie
Sous son pas éternel, insectes endormis ;
En vain ce laboureur irrité les renverse,
Ou, secouant le pied, les sème et les disperse
    Comme des palais de fourmis ;

Vous les rebâtissez toujours, toujours de même !
Toujours dans votre esprit vous lancez anathème
A qui les touchera dans la postérité ;
Et toujours en traçant ces précaires demeures,
Hommes aux mains de neige et qui fondez aux heures,
     Vous parlez d'immortalité !

Et qu'un siècle chancelle ou qu'une pierre tombe,
Que Socrate vous jette un secret de sa tombe,
Que le Christ lègue au monde un ciel dans son adieu :
Vous vengez par le fer le mensonge qui règne,
Et chaque vérité nouvelle ici-bas saigne
     Du sang d'un prophète ou d'un Dieu !

De vos yeux assoupis vous aimez les écailles :
Semblables au guerrier armé pour les batailles,
Mais qui dort enivré de ses songes épais,
Si quelque voix soudaine éclate à votre oreille,
Vous frappez, vous tuez celui qui vous réveille,
     Car vous voulez dormir en paix !

Mais ce n'est pas ainsi que le Dieu qui vous somme
Entend la destinée et les phases de l'homme :
Ce n'est pas le chemin que son doigt vous écrit !
En vain le cœur vous manque et votre pied se lasse :
Dans l'œuvre du Très-Haut le repos n'a pas place ;
     Son esprit n'est pas votre esprit !

Marche ! sa voix le dit à la nature entière.
Ce n'est pas pour croupir sur ces champs de lumière
Que le soleil s'allume et s'éteint dans ses mains !
Dans cette œuvre de vie où son âme palpite,
Tout respire, tout croît, tout grandit, tout gravite :
     Les cieux, les astres, les humains !

L'œuvre toujours finie et toujours commencée
Manifeste à jamais l'éternelle pensée :
Chaque halte pour Dieu n'est qu'un point de départ.
Gravissant l'infini qui toujours le domine,
Plus il s'élève, et plus la volonté divine
      S'élargit avec son regard !

Il ne s'arrête pas pour mesurer l'espace,
Son pied ne revient pas sur sa brûlante trace,
Il ne revoit jamais ce qu'il vit en créant ;
Semblable au faible enfant qui lit et balbutie,
Il ne dit pas deux fois la parole de vie :
      Son Verbe court sur le néant !

Il court, et la nature à ce Verbe qui vole
Le suit en chancelant de parole en parole :
Jamais, jamais demain ce qu'elle est aujourd'hui !
Et la création, toujours, toujours nouvelle,
Monte éternellement la symbolique échelle
      Que Jacob rêva devant lui !

Et rien ne redescend à sa forme première :
Ce qui fut glace et nuit devient flamme et lumière ;
Dans les flancs du rocher le métal devient or ;
En perle au fond des mers le lit des flots se change ;
L'éther en s'allumant devient astre, et la fange
      Devient homme, et fermente encor !

Puis un souffle d'en haut se lève ; et toute chose
Change, tombe, périt, fuit, meurt, se décompose,
Comme au coup de sifflet des décorations ;
Jéhovah d'un regard lève et brise sa tente,
Et les camps des soleils suspendent dans l'attente
      Leurs saintes évolutions.

Les globes calcinés volent en étincelles,
Les étoiles des nuits éteignent leurs prunelles,
La comète s'échappe et brise ses essieux ;
Elle lance en éclats la machine céleste,
Et de mille univers, en un souffle, il ne reste
      Qu'un charbon fumant dans les cieux !

Et vous, qui ne pouvez défendre un pied de grève,
Dérober une feuille au souffle qui l'enlève,
Prolonger d'un rayon ces orbes éclatants,
Ni dans son sablier, qui coule intarissable,
Ralentir d'un moment, d'un jour, d'un grain de sable,
      La chute éternelle du temps ;

Sous vos pieds chancelants si quelque caillou roule,
Si quelque peuple meurt, si quelque trône croule,
Si l'aile d'un vieux siècle emporte des débris,
Si de votre alphabet quelque lettre s'efface,
Si d'un insecte à l'autre un brin de paille passe,
      Le ciel s'ébranle de vos cris !

II

Regardez donc, race insensée,
Les pas des générations !
Toute la route n'est tracée
Que des débris des nations :
Trônes, autels, temples, portiques,
Peuples, royaumes, républiques,
Sont la poussière du chemin ;
Et l'histoire, écho de la tombe,
N'est que le bruit de ce qui tombe
Sur la route du genre humain.

Plus vous descendez dans les âges,
Plus ce bruit s'élève en croissant,
Comme en approchant des rivages
Que bat le flot retentissant.
Voyez passer l'esprit de l'homme,
De Thèbe et de Memphis à Rome,
Voyageur terrible en tout lieu,
Partout brisant ce qu'il élève,
Partout, de la torche ou du glaive,
Faisant place à l'esprit de Dieu!

Il passe au milieu des tempêtes
Par les foudres du Sinaï:
Par la verge de ses prophètes,
Par les temples d'Adonaï!
Foulant ses jougs, brisant ses maîtres,
Il change ses rois pour des prêtres,
Change ses prêtres pour des rois;
Puis, broyant palais, tabernacles,
Il sème ces débris d'oracles
Avec les débris de ses lois!

Déployant ses ailes rapides,
Il plonge au désert de Memnon;
Le voilà sous les Pyramides,
Le voici sur le Parthénon:
Là, cachant aux regards de l'homme
Les fondements du pouvoir, comme
Ceux d'un temple mystérieux;
Là, jetant au vent populaire,
Comme le grain criblé sur l'aire,
Les lois, les dogmes et les dieux!

Las de cet assaut de parole,
Il guide Alexandre au combat;
L'aigle sanglant du Capitole
Sur le monde à son doigt s'abat :
L'univers n'est plus qu'un empire.
Mais déjà l'esprit se retire;
Et les peuples poussant un cri,
Comme un avide essaim d'esclaves
Dont on a brisé les entraves,
Se sauvent avec un débri.

Levez-vous, Gaule et Germanie,
L'heure de la vengeance est là!
Des ruines c'est le génie
Qui prend les rênes d'Attila!
Lois, forum, dieux, faisceaux, tout croule;
Dans l'ornière de sang tout roule,
Tout s'éteint, tout fume. Il fait nuit,
Il fait nuit, pour que l'ombre encore
Fasse mieux éclater l'aurore
Du jour [1] où son doigt vous conduit!

L'homme se tourne à cette flamme,
Et revit en la regardant :
Charlemagne en fait la grande âme
Dont il anime l'Occident.
Il meurt : son colosse d'empire
En lambeaux vivants se déchire,
Comme un vaste et pesant manteau
Fait pour les robustes épaules

---

[1] Le christianisme.

Qui portaient le Rhin et les Gaules,
Et l'esprit reprend son marteau!

De ces nations mutilées
Cent peuples naissent sous ses pas,
Races barbares et mêlées
Que leur mère ne connaît pas;
Les uns indomptés et farouches,
Les autres rongeant dans leurs bouches
Les mors des tyrans ou des dieux :
Mais l'esprit, par diverses routes,
A son tour leur assigne à toutes
Un rendez-vous mystérieux.

Pour les pousser où Dieu les mène,
L'esprit humain prend cent détours,
Et revêt chaque forme humaine
Selon les hommes et les jours.
Ici, conquérant, il balaie
Les vieux peuples comme l'ivraie;
Là, sublime navigateur,
L'instinct d'une immense conquête
Lui fait chercher dans la tempête
Un monde à travers l'équateur.

Tantôt il coule la pensée
En bronze palpable et vivant,
Et la parole retracée
Court et brise comme le vent;
Tantôt, pour mettre un siècle en poudre,
Il éclate comme la foudre

Dans un mot de feu, Liberté !
Puis, dégoûté de son ouvrage,
D'un mot qui tonne davantage
Il réveille l'humanité !

Et tout se fond, croule ou chancelle ;
Et, comme un flot du flot chassé,
Le temps sur le temps s'amoncelle,
Et le présent sur le passé !
Et sur ce sable où tout s'enfonce,
Quoi donc, ô mortels, vous annonce
L'immuable que vous cherchez ?
Je ne vois que poussière et lutte,
Je n'entends que l'immense chute
Du temps qui tombe, et dit : « Marchez ! »

III

Marchez ! l'humanité ne vit pas d'une idée !
Elle éteint chaque soir celle qui l'a guidée,
Elle en allume une autre à l'immortel flambeau :
Comme ces morts vêtus de leur parure immonde,
Les générations emportent de ce monde
    Leurs vêtements dans le tombeau.

Là c'est leurs dieux ; ici les mœurs de leurs ancêtres,
Le glaive des tyrans, l'amulette des prêtres,
Vieux lambeaux, vils haillons de cultes ou de lois :
Et quand après mille ans dans leurs caveaux on fouille,
On est surpris de voir la risible dépouille
    De ce qui fut l'homme autrefois.

Robes, toges, turbans, tunique, pourpre, bure,
Sceptres, glaives, faisceaux, hache, houlette, armure,
Symboles vermoulus fondent sous votre main,
Tour à tour au plus fort, au plus fourbe, au plus digne,
Et vous vous demandez vainement sous quel signe
    Monte ou baisse le genre humain.

Sous le vôtre, ô chrétiens! L'homme en qui Dieu travaille
Change éternellement de formes et de taille :
Géant de l'avenir à grandir destiné,
Il use en vieillissant ses vieux vêtements, comme
Des membres élargis font éclater sur l'homme
    Les langes où l'enfant est né.

L'humanité n'est pas le bœuf à courte haleine
Qui creuse à pas égaux son sillon dans la plaine,
Et revient ruminer sur son sillon pareil :
C'est l'aigle rajeuni qui change son plumage,
Et qui monte affronter, de nuage en nuage,
    De plus hauts rayons du soleil.

Enfants de six mille ans qu'un peu de bruit étonne,
Ne vous troublez donc pas d'un mot nouveau qui tonne,
D'un empire éboulé, d'un siècle qui s'en va !
Que vous font les débris qui jonchent la carrière ?
Regardez en avant et non pas en arrière :
    Le courant roule à Jéhova !

Que dans vos cœurs étroits vos espérances vagues
Ne croulent pas sans cesse avec toutes les vagues :
Ces flots vous porteront, hommes de peu de foi !
Qu'importent bruit et vent, poussière et décadence,
Pourvu qu'au-dessus d'eux la haute Providence
    Déroule l'éternelle loi ?

Vos siècles page à page épellent l'Évangile :
Vous n'y lisiez qu'un mot, et vous en lirez mille ;
Vos enfants plus hardis y liront plus avant !
Ce livre est comme ceux des sibylles antiques,
Dont l'augure trouvait les feuillets prophétiques
      Siècle à siècle arrachés au vent.

Dans la foudre et l'éclair votre Verbe aussi vole ;
Montez à sa lueur, courez à sa parole,
Attendez sans effroi l'heure lente à venir,
Vous, enfants de Celui qui, l'annonçant d'avance,
Du sommet d'une croix vit briller l'espérance
      Sur l'horizon de l'avenir !

Cet oracle sanglant chaque jour se révèle :
L'esprit, en renversant, élève et renouvelle.
Passagers ballottés dans vos siècles flottants,
Vous croyez reculer sur l'océan des âges,
Et vous vous remontrez après mille naufrages
      Plus loin sur la route des temps !

Ainsi quand le vaisseau qui vogue entre deux mondes
A perdu tout rivage, et ne voit que les ondes
S'élever et crouler comme deux sombres murs ;
Quand le maître a brouillé les nœuds nombreux qu'il file,
Sur la plaine sans borne il se croit immobile
      Entre deux abîmes obscurs.

« C'est toujours, se dit-il dans son cœur plein de doute,
Même onde que je vois, même bruit que j'écoute ;
Le flot que j'ai franchi revient pour me bercer ;
A les compter en vain mon esprit se consume,
C'est toujours de la vague, et toujours de l'écume :
      Les jours flottent sans avancer ! »

Et les jours et les flots semblent ainsi renaître,
Trop pareils pour que l'œil puisse les reconnaître,
Et le regard trompé s'use en les regardant ;
Et l'homme, que toujours leur ressemblance abuse,
Les brouille, les confond, les gourmande, et t'accuse,
    Seigneur!... Ils marchent cependant!

Et quand sur cette mer, las de chercher sa route,
Du firmament splendide il explore la voûte,
Des astres inconnus s'y lèvent à ses yeux;
Et, moins triste, aux parfums qui soufflent des rivages,
Au jour tiède et doré qui glisse des cordages,
    Il sent qu'il a changé de cieux.

Nous donc, si le sol tremble au vieux toit de nos pères,
Ensevelissons-nous sous des cendres si chères,
Tombons enveloppés de ces sacrés linceuls!
Mais ne ressemblons pas à ces rois d'Assyrie
Qui traînaient au tombeau femmes, enfants, patrie,
    Et ne savaient pas mourir seuls;

Qui jetaient au bûcher, avant que d'y descendre,
Famille, amis, coursiers, trésors réduits en cendre,
Espoir ou souvenirs de leurs jours plus heureux,
Et, livrant leur empire et leurs dieux à la flamme,
Auraient voulu qu'aussi l'univers n'eût qu'une âme,
    Pour que tout mourût avec eux!

FIN DES HARMONIES.

CONTRE LA PEINE DE MORT

CONTRE LA PEINE DE MORT

AU PEUPLE DU 19 OCTOBRE 1830

« Vains efforts, périlleuse audace !
Me disent des amis au geste menaçant :
    Le lion même fait-il grâce
    Quand sa langue a léché du sang ?
Taisez-vous, ou chantez comme rugit la foule !
Attendez pour passer que le torrent s'écoule,
    De sang et de lie écumant !
On peut braver Néron, cette hyène de Rome !
Les brutes ont un cœur ; le tyran est un homme :
    Mais le peuple est un élément,

» Élément qu'aucun frein ne dompte,
Et qui roule semblable à la fatalité.
　　　Pendant que sa colère monte,
　　　Jeter un cri d'humanité,
C'est au sourd Océan qui blanchit son rivage
Jeter dans la tempête un roseau de la plage,
　　　La feuille sèche à l'ouragan ;
C'est aiguiser le fer pour soutirer la foudre,
Ou poser pour l'éteindre un bras réduit en poudre
　　　Sur la bouche en feu du volcan !

» Souviens-toi du jeune poëte,
Chénier ! dont sous tes pas le sang est encor chaud,
　　　Dont l'histoire en pleurant répète
　　　Le salut triste à l'échafaud [1].
Il rêvait, comme toi, sur une terre libre
Du pouvoir et des lois le sublime équilibre ;
　　　Dans ses bourreaux il avait foi !
Qu'importe ! il faut mourir, et mourir sans mémoire :
« Eh bien ! mourons, dit-il. Vous tuez de la gloire :
　　　» J'en avais pour vous et pour moi ! »

» Cache plutôt dans le silence
Ton nom, qu'un peu d'éclat pourrait un jour trahir !
　　　Conserve une lyre à la France,
　　　Et laisse-les s'entre-haïr,
De peur qu'un délateur à l'oreille attentive
Sur sa table future en pourpre ne t'inscrive,

---

[1] Tout le monde connaît le mot d'André Chénier sur l'échafaud :
« C'est dommage, dit-il en se frappant le front ; il y avait quelque
» chose là. »

Et ne dise à son peuple-roi :
« C'est lui qui, disputant ta proie à ta colère,
» Voulant sauver du sang ta robe populaire,
» Te crut généreux. Venge-toi ! »

Non, le Dieu qui trempa mon âme
Dans des torrents de force et de virilité,
N'eût pas mis dans un cœur de femme
Cette soif d'immortalité.
Que l'autel de la Peur serve d'asile au lâche !
Ce cœur ne tremble pas aux coups sourds d'une hache,
Ce front levé ne pâlit pas ;
La mort qui se trahit dans un signe farouche
En vain, pour m'avertir, met un doigt sur sa bouche :
La gloire sourit au trépas.

Il est beau de tomber victime
Sous le regard vengeur de la postérité,
Dans l'holocauste magnanime
De sa vie à la vérité !
L'échafaud pour le juste est le lit de sa gloire :
Il est beau d'y mourir au soleil de l'histoire,
Au milieu d'un peuple éperdu ;
De léguer un remords à la foule insensée,
Et de lui dire en face une mâle pensée,
Au prix de son sang répandu.

« Peuple, dirai-je, écoute, et juge !
Oui, tu fus grand, le jour où du bronze affronté
Tu le couvris, comme un déluge,
Du reflux de la liberté !

Tu fus fort, quand, pareil à la mer écumante,
Au nuage qui gronde, au volcan qui fermente;
  Noyant les gueules du canon,
Tu bouillonnais semblable au plomb dans la fournaise,
Et roulais furieux, sur une plage anglaise,
  Trois couronnes dans ton limon !

» Tu fus beau, tu fus magnanime,
Le jour où, recevant les balles sur ton sein,
  Tu marchais d'un pas unanime,
  Sans autre chef que ton tocsin ;
Où, n'ayant que ton cœur et tes mains pour combattre,
Relevant le vaincu que tu venais d'abattre,
  En l'emportant tu lui disais :
« Avant d'être ennemis, le pays nous fit frères;
» Livrons au même lit les blessés des deux guerres :
  » La France couvre le Français ! »

» Quand dans ta chétive demeure,
Le soir, noirci du feu, tu rentrais triomphant
  Près de l'épouse qui te pleure,
  Du berceau nu de ton enfant,
Tu ne leur présentais pour unique dépouille
Que la goutte de sang, la poudre qui te souille,
  Un tronçon d'arme dans ta main.
En vain l'or des palais dans la boue étincelle;
Fils de la liberté, tu ne rapportais qu'elle :
  Seule elle assaisonnait ton pain !

» Un cri de stupeur et de gloire,
Sorti de tous les cœurs, monta sous chaque ciel,

CONTRE LA PEINE DE MORT.

>Et l'écho de cette victoire
Devint un hymne universel.
Moi-même dont le cœur date d'une autre France,
Moi dont la liberté n'allaita pas l'enfance,
Rougissant et fier à la fois,
Je ne pus retenir mes bravos à tes armes,
Et j'applaudis des mains, en suivant de mes larmes
L'innocent orphelin des rois!

» Tu reposais dans ta justice
Sur la foi des serments conquis, donnés, reçus :
Un jour brise dans un caprice
Les nœuds par deux règnes tissus!
Tu t'élances bouillant de honte et de délire :
Le lambeau mutilé du gage qu'on déchire
Reste dans les dents du lion.
On en appelle au fer; il t'absout. Qu'il se lève
Celui qui jetterait ou la pierre ou le glaive
A ton jour d'indignation!

» Mais tout pouvoir a des salaires
A jeter aux flatteurs qui lèchent ses genoux,
Et les courtisans populaires
Sont les plus serviles de tous.
Ceux-là, des rois honteux pour corrompre les âmes,
Offrent les pleurs du peuple, ou son or, ou ses femmes,
Aux désirs d'un maître puissant;
Les tiens, pour caresser des penchants plus sinistres,
Te font sous l'échafaud, dont ils sont les ministres,
Respirer des vapeurs de sang!

» Dans un aveuglement funeste
Ils te poussent de l'œil vers un but odieux,
Comme l'enfer poussait Oreste,
En cachant le crime à ses yeux.
La soif de ta vengeance, ils l'appellent justice :
Eh bien, justice soit! Est-ce un droit de supplice
Qui par tes morts fut acheté?
Que feras-tu, réponds, du sang qu'on te demande?
Quatre têtes sans tronc, est-ce donc là l'offrande
D'un grand peuple à sa liberté?

» N'en ont-ils pas fauché sans nombre?
N'en ont-ils pas jeté des monceaux, sans combler
Le sac insatiable et sombre
Où tu les entendais rouler?
Depuis que la mort même, inventant ses machines,
Eut ajouté la roue aux faux des guillotines
Pour hâter son char gémissant,
Tu comptais par centaine, et tu comptas par mille!
Quand on presse du pied le pavé de ta ville,
On craint d'en voir jaillir du sang.

» — Oui, mais ils ont joué leur tête.
— Je le sais; et le sort les livre et te les doit!
C'est ton gage, c'est ta conquête;
Prends, ô peuple! use de ton droit.
Mais alors jette au vent l'honneur de ta victoire;
Ne demande plus rien à l'Europe, à la gloire,
Plus rien à la postérité!
En donnant cette joie à ta libre colère,
Va-t'en; tu t'es payé toi-même ton salaire :
Du sang au lieu de liberté!

» Songe au passé, songe à l'aurore
De ce jour orageux levé sur nos berceaux;
    Son ombre te rougit encore
    Du reflet pourpré des ruisseaux.
Il t'a fallu dix ans de fortune et de gloire
Pour effacer l'horreur de deux pages d'histoire.
    Songe à l'Europe qui te suit,
Et qui, dans le sentier que ton pied fort lui creuse,
Voit marcher, tantôt sombre et tantôt lumineuse,
    Ta colonne qui la conduit!

» Veux-tu que sa liberté feinte
Du carnage civique arbore aussi la faux,
    Et que partout sa main soit teinte
    De la fange des échafauds?
Veux-tu que le drapeau qui la porte aux deux mondes,
Veux-tu que les degrés du trône que tu fondes,
    Pour piédestal aient un remord?
Et que ton roi, fermant sa main pleine de grâces,
Ne puisse à son réveil descendre sur tes places
    Sans entendre hurler la mort?

» Aux jours de fer de tes annales
Quels dieux n'ont pas été fabriqués par tes mains?
    Des divinités infernales
    Reçurent l'encens des humains;
Tu dressas des autels à la Terreur publique,
A la Peur, à la Mort, dieux de ta république:
    Ton grand prêtre fut ton bourreau!
De tous ces dieux vengeurs qu'adora ta démence,
Tu n'en oublias qu'un, ô peuple! la Clémence!
    Essayons d'un culte nouveau.

» Le jour qu'oubliant ta colère,
Comme un lutteur grandi qui sent son bras plus fort,
De l'héroïsme populaire
Tu feras le dernier effort;
Le jour où tu diras : « Je triomphe et pardonne!... »
Ta vertu montera plus haut que ta colonne
Au-dessus des exploits humains;
Dans des temples voués à ta miséricorde
Ton génie unira la force et la concorde,
Et les siècles battront des mains!

« Peuple, diront-ils, ouvre une ère
» Que dans ses rêves seuls l'humanité tenta;
» Proscris des codes de la terre
» La mort que le crime inventa!
» Remplis de ta vertu l'histoire qui la nie;
» Réponds par tant de gloire à tant de calomnie;
» Laisse la pitié respirer!
» Jette à tes ennemis des lois plus magnanimes,
» Ou, si tu veux punir, inflige à tes victimes
» Le supplice de t'admirer!

» Quitte enfin la sanglante ornière
» Où se traîne le char des révolutions;
» Que ta halte soit la dernière
» Dans ce désert des nations;
» Que le genre humain dise, en bénissant tes pages :
» C'est ici que la France a de ses lois sauvages
» Fermé le livre ensanglanté;
» C'est ici qu'un grand peuple, au jour de la justice,
» Dans la balance humaine, au lieu d'un vil supplice,
» Jeta sa magnanimité. »

» Mais le jour où le long des fleuves
Tu reviendras les yeux baissés sur tes chemins,
　　Suivi, maudit par quatre veuves
　　Et par des groupes d'orphelins,
De ton morne triomphe en vain cherchant la fête,
Les passants se diront, en détournant la tête :
　　« Marchons, ce n'est rien de nouveau !
» C'est, après la victoire, un peuple qui se venge.
» Le siècle en a menti ; jamais l'homme ne change :
　　» Toujours ou victime, ou bourreau ! »

NOTE

Les trois pièces qui suivent sont celles auxquelles répond M. de Lamartine dans la septième, la onzième et la treizième Harmonie du Livre premier.

ÉPITRE

A M. A. DE LAMARTINE

ÉPITRE

A M. A. DE LAMARTINE

PAR M. SAINTE-BEUVE [1]

Juillet 1829.

Le jour que je vous vis pour la troisième fois,
C'était en juin dernier, voici bientôt deux mois :
Vous en souviendrez-vous? j'ose à peine le croire ;
Mais ce jour à jamais emplira ma mémoire.
Après nous être un peu promenés seul à seul,
Au pied d'un marronnier ou sous quelque tilleul
Nous vînmes nous asseoir, et longtemps nous causâmes
De nous, des maux humains, des besoins de nos âmes :

---

[1] Voir à la table, la réponse de M. de Lamartine.

Moi surtout, moi plus jeune, inconnu, curieux,
J'aspirais vos regards, je lisais dans vos yeux,
Comme aux yeux d'un ami qui vient d'un long voyage;
Je rapportais au cœur chaque éclair du visage;
Et dans vos souvenirs ceux que je choisissais,
C'était votre jeunesse, et vos premiers accès
D'abord flottants, obscurs, d'ardente poésie,
Et les égarements de votre fantaisie,
Vos mouvements sans but, vos courses en tout lieu,
Avant qu'en votre cœur le démon fût un dieu.
Sur la terre jeté, manquant de lyre encore,
Errant, que faisiez-vous de ce don qui dévore?
Où vos pleurs allaient-ils? par où montaient vos chants?
Sous quels antres profonds, par quels brusques penchants
S'abîmait loin des yeux le fleuve? Quels orages
Ce soleil chauffait-il derrière les nuages?
Ignoré de vous-même et de tous, vous alliez...
Où? dites? parlez-moi de ces temps oubliés.
Enfant, Dieu vous nourrit de sa sainte parole;
Mais bientôt le laissant pour un monde frivole,
Et cherchant la sagesse et la paix hors de lui,
Vous avez poursuivi les plaisirs par ennui;
Vous avez, loin de vous, couru mille chimères,
Goûté les douces eaux et les sources amères,
Et sous des cieux brillants, sur des lacs embaumés,
Demandé le bonheur à des objets aimés.
Bonheur vain! fol espoir! délire d'une fièvre!
Coupe qu'on croyait fraîche, et qui brûle la lèvre!
Flocon léger d'écume, atome éblouissant
Que l'esquif fait jaillir de la vague en glissant!
Filet d'eau du désert que boit le sable aride!
Phosphore des marais, dont la fuite rapide
Découvre plus à nu l'épaisse obscurité
De l'abîme sans fond où dort l'éternité!

Oh! quand je vous ai dit à mon tour ma tristesse,
Et qu'aussi j'ai parlé des jours pleins de vitesse,
Ou de ces jours si lents qu'on ne peut épuiser,
Goutte à goutte tombant sur le cœur sans l'user;
Que je n'avais au monde aucun but à poursuivre;
Que je recommençais chaque matin à vivre:
Oh! qu'alors sagement et d'un ton fraternel
Vous m'avez par la main ramené jusqu'au ciel!
« Tel je fus, disiez-vous : cette humeur inquiète,
» Ce trouble dévorant au cœur de tout poëte,
» Et dont souvent s'égare une jeunesse en feu,
» N'a de remède ici que le retour à Dieu;
» Seul il donne la paix, dès qu'on rentre en la voie;
» Au mal inévitable il mêle un peu de joie,
» Nous montre en haut l'espoir de ce qu'on a rêvé,
» Et sinon le bonheur, le calme est retrouvé. »

Et souvent depuis lors, en mon âme moins folle,
J'ai mûrement pesé cette simple parole;
Je la porte avec moi, je la couve en mon sein,
Pour en faire germer quelque pieux dessein.
Mais quand j'en ai longtemps échauffé ma pensée,
Que la Prière en pleurs, à pas lents avancée,
M'a baisé sur le front comme un fils, m'enlevant
Dans ses bras, loin du monde, en un rêve fervent,
Et que j'entends déjà dans la sphère bénie
Des harpes et des voix la douceur infinie,
Voilà que de mon âme, alentour, au dedans,
Quelques funestes cris, quelques désirs grondants
Éclatent tout à coup, et d'en haut je retombe
Plus bas dans le péché, plus avant dans la tombe!
— Et pourtant aujourd'hui qu'un radieux soleil
Vient d'ouvrir le matin à l'orient vermeil;

ÉPITRE A M. A. DE LAMARTINE.

Quand tout est calme encor, que le bruit de la ville
S'éveille à peine autour de mon paisible asile;
A l'instant où le cœur aime à se souvenir,
Où l'on pense aux absents, aux morts, à l'avenir,
Votre parole, ami, me revient, et j'y pense;
Et, consacrant pour moi le beau jour qui commence,
Je vous renvoie à vous ce mot que je vous dois,
A vous, sous votre vigne, au milieu des grands bois.
Là désormais, sans trouble, au port après l'orage,
Rafraîchissant vos jours aux fraîcheurs de l'ombrage,
Vous vous plaisez aux lieux d'où vous étiez sorti :
Que verriez-vous de plus? vous avez tout senti.
Les heures qu'on maudit et celles qu'on caresse
Vous ont assez comblé d'amertume ou d'ivresse.
Des passions en vous les rumeurs ont cessé;
De vos afflictions le lac est amassé;
Il ne bouillonne plus; il dort, il dort dans l'ombre,
Au fond de vous, muet, inépuisable et sombre;
Alentour un esprit flotte, et de ce côté
Les lieux sont revêtus d'une triste beauté.
Mais ailleurs, mais partout, que la lumière est pure!
Quel dôme vaste et bleu couronne la verdure;
Et combien cette voix pleure amoureusement!
Vous chantez, vous priez, comme Abel, en aimant;
Votre cœur tout entier est un autel qui fume;
Vous y mettez l'encens, et l'éclair le consume;
Chaque ange est votre frère, et quand vient l'un d'entre eux
En vous il se repose, — ô grand homme, homme heureux [1]!

---

[1] Depuis que cette pièce a été adressée à l'illustre poëte, deux affreux malheurs sont venus la démentir, et montrer que pour le *grand homme heureux* tout *le lac des afflictions* n'était pas *amassé :* il y manquait une goutte encore, et la plus amère.

RÉPONSE DE M. REBOUL

RÉPONSE DE M. REBOUL

DE NIMES

A M. A. DE LAMARTINE [1]

Juillet 1836.

Mon nom, qu'a prononcé ton généreux délire,
Dans la tombe avec moi ne peut être emporté;
Car toute chose obscure, en passant par ta lyre,
    Se revêt d'immortalité.

---

[1] Voir la onzième Harmonie, adressée par M. de Lamartine à M. Reboul, page 97.

S'il est vrai que ma muse en plus d'une mémoire
A laissé des accords et des pensers touchants,
Chantre ami, qu'à toi seul en retourne la gloire !
    Mes chants naquirent de tes chants.

C'est toi qui, faisant naître en mon âme ravie
Cet espoir de laisser un noble souvenir,
Me fais sacrifier, chaque jour de ma vie,
    Sur les autels de l'avenir.

C'est toi qui fus pour moi cet ange de lumière
Qui se laisse tomber du haut du firmament,
Et qui sur le palais comme sur la chaumière
    Se repose indifféremment.

Tu t'abattis vers moi. Des sphères immortelles
Tu me vantas l'éclat, les chœurs mystérieux ;
Et soudain comme toi je secouai mes ailes,
    Et nous partîmes pour les cieux.

Quelle extase inconnue a subjugué mon être !
Quel jour éblouissant mes yeux ont vu paraître,
    Et quel concert ai-je entendu !
Dans ces ravissements mon âme s'évapore ;
Et je voulais franchir quelques mondes encore...
    Sans toi je m'y serais perdu.

Mais tu m'as dit : « Voilà l'inflexible barrière ;
Tu vas voir s'éclipser nos songes de lumière.

Descendons ! Les ordres divins
Veulent que ce bonheur, ces clartés sans mélange,
Passent rapidement, pour que l'homme, de l'ange
    N'envahisse pas les destins.

» Attendons que le temps ait achevé sa course ;
Que la mort à l'esprit abandonne la source
    De cette pure volupté ;
Que des jours éternels l'astre éternel se lève :
Alors, la terre alors ne sera que le rêve,
    Et le ciel la réalité ! »

Et quand tu me rendis aux terrestres domaines,
Je sentis s'allumer une fièvre en mes veines
    Dont rien n'a pu calmer l'ardeur,
Si ce n'est une lyre entre mes mains vibrante,
Et faisant apparaître une image enivrante
    De tout ce qu'éprouva mon cœur.

Rayons dont s'inonda mon avide paupière,
Eh ! comment, replongé dans cette ombre grossière,
    Comment ne pas vous exalter ?
Ineffables accords des célestes génies,
Comment, en retrouvant d'humaines harmonies,
    Comment ne pas vous répéter ?

ODE A M. A. DE LAMARTINE

ODE A M. A. DE LAMARTINE

PAR M. VICTOR HUGO [1]

> Or, sachant ces choses, nous venons enseigner aux hommes la crainte de Dieu.
>
> II *Cor.*, v.

Octobre 1825.

I

Pourtant je m'étais dit : « Abritons mon navire ;
Ne livrons plus ma voile au vent qui la déchire ;
Cachons ce luth. Mes chants peut-être auraient vécu !...
Soyons comme un soldat qui revient sans murmure
Suspendre à son chevet un vain reste d'armure,
    Et s'endort, vainqueur ou vaincu ! »

---

[1] Voir la réponse de M. de Lamartine à la table.

Je ne demandais plus à la muse que j'aime
Qu'un seul chant pour ma mort, solennel et suprême!
Le poëte avec joie au tombeau doit s'offrir;
S'il ne souriait pas au moment où l'on pleure,
      Chacun lui dirait : « Voici l'heure!
» Pourquoi ne pas chanter, puisque tu vas mourir? »

C'est que la mort n'est pas ce que la foule en pense!
C'est l'instant où notre âme obtient sa récompense,
Où le fils exilé rentre au sein paternel.
Quand nous penchons près d'elle une oreille inquiète,
La voix du trépassé, que nous croyons muette,
      A commencé l'hymne éternel.

II

Plus tôt que je n'ai dû, je reviens dans la lice;
Mais tu le veux, ami! ta muse est ma complice;
Ton bras m'a réveillé; c'est toi qui m'as dit : « Va!
» Dans la mêlée encor jetons ensemble un gage.
      » De plus en plus elle s'engage.
» Marchons, et confessons le nom de Jéhova! »

J'unis donc à tes chants quelques chants téméraires.
Prends ton luth immortel : nous combattrons en frères,
Pour les mêmes autels et les mêmes foyers.
Montés au même char, comme un couple homérique,
Nous tiendrons, pour lutter dans l'arène lyrique,
      Toi la lance, moi les coursiers.

Puis, pour faire une part à la faiblesse humaine,
Je ne sais quelle pente au combat me ramène.
J'ai besoin de revoir ce que j'ai combattu,
De jeter sur l'impie un dernier anathème,
    De te dire à toi que je t'aime,
Et de chanter encore un hymne à la vertu !

III

Ah ! nous ne sommes plus au temps où le poëte
Parlait au ciel en prêtre, à la terre en prophète !
Que Moïse, Isaïe, apparaisse en nos champs,
Les peuples qu'ils viendront juger, punir, absoudre,
Dans leurs yeux pleins d'éclairs méconnaîtront la foudre
    Qui tonne en éclats dans leurs chants.

Vainement ils iront s'écriant dans les villes :
« Plus de rébellions ! plus de guerres civiles !
» Aux autels du veau d'or pourquoi danser toujours ?
» Dagon va s'écrouler ; Baal va disparaître.
    » Le Seigneur a dit à son prêtre :
» — Pour faire pénitence, ils n'ont que peu de jours !

» Rois, peuples, couvrez-vous d'un sac souillé de cendre !
» Bientôt sur la nuée un juge doit descendre.
» Vous dormez ! que vos yeux daignent enfin s'ouvrir.
» Tyr appartient aux flots, Gomorrhe à l'incendie :
» Secouez le sommeil de votre âme engourdie,
    » Et réveillez-vous pour mourir !

» Ah! malheur au puissant qui s'enivre en des fêtes,
» Riant de l'opprimé qui pleure, et des prophètes!
» Ainsi que Balthazar ignorant ses malheurs,
» Il ne voit pas, aux murs de sa salle bruyante,
  » Les mots qu'une main flamboyante
» Trace en lettres de feu parmi les nœuds de fleurs!

» Il sera rejeté comme ce noir génie
» Effrayant par sa gloire et par son agonie,
» Qui tomba jeune encor, dont ce siècle est rempli.
» Pourtant Napoléon du monde était le faîte,
» Ses pieds éperonnés des rois pliaient la tête,
  » Et leur tête gardait le pli.

» Malheur donc! — Malheur même au mendiant qui frappe,
» Hypocrite et jaloux, aux portes du satrape!
» A l'esclave en ses fers! au maître en son château!
» A qui, voyant marcher l'innocent aux supplices
  » Entre deux meurtriers complices,
» N'étend point sous ses pas son plus riche manteau!

» Malheur à qui dira : — Ma mère est adultère!
» A qui voile un cœur vil sous un langage austère!
» A qui change en blasphème un serment effacé!
» Au flatteur médisant, reptile à deux visages!
» A qui s'annoncera sage entre tous les sages!
  » Oui, malheur à cet insensé!

» Peuples, vous ignorez le Dieu qui vous fit naître;
» Et pourtant vos regards le peuvent reconnaître
» Dans vos biens, dans vos maux, à toute heure, en tout lieu!

» Un Dieu compte vos jours, un Dieu règne en vos fêtes.
» Lorsqu'un chef vous mène aux conquêtes,
» Le bras qui vous entraîne est poussé par un Dieu !

» A sa voix, en vos temps de folie et de crime,
» Les révolutions ont ouvert leur abîme.
» Les justes ont versé tout leur sang précieux ;
» Et les peuples, troupeau qui dormait sous le glaive,
» Ont vu comme Jacob, dans un étrange rêve,
» Des anges remonter aux cieux.

» Frémissez donc ! Bientôt, annonçant sa venue,
» Le clairon de l'archange entr'ouvrira la nue.
» Jour d'éternels tourments ! jour d'éternel bonheur !
» Resplendissant d'éclairs, de rayons, d'auréoles,
» Dieu vous montrera vos idoles,
» Et vous demandera : — Qui donc est le Seigneur ?

» La trompette, sept fois sonnant dans les nuées,
» Poussera jusqu'à lui, pâles, exténuées,
» Les races à grands flots se heurtant dans la nuit ;
» Jésus appellera sa mère virginale ;
» Et la porte céleste, et la porte infernale,
» S'ouvriront ensemble avec bruit !

» Dieu vous dénombrera d'une voix solennelle.
» Les rois se courberont sous le vent de son aile ;
» Chacun lui portera son espoir, ses remords.
» Sous les mers, sur les monts, au fond des catacombes,
» A travers le marbre des tombes,
» Son souffle remûra la poussière des morts !

» O siècle, arrache-toi de tes pensers frivoles !
» L'air va bientôt manquer dans l'espace où tu voles.
» Mortels! gloire, plaisirs, biens, tout est vanité!
» A quoi pensez-vous donc, vous qui dans vos demeures
» Voulez voir en riant entrer toutes les heures?...
  » L'Éternité! l'Éternité! »

IV

Nos sages répondront : « Que nous veulent ces hommes?
» Ils ne sont pas du monde et du temps dont nous sommes.
» Ces poëtes sont-ils nés au sacré vallon?
» Où donc est leur Olympe? où donc est leur Parnasse?
  » Quel est leur dieu qui nous menace?
» A-t-il le char de Mars? a-t-il l'arc d'Apollon?

» S'ils veulent emboucher le clairon de Pindare,
» N'ont-ils pas Hiéron, la fille de Tyndare,
» Castor, Pollux, l'Élide, et les jeux des vieux temps,
» L'arène où l'encens roule en longs flots de fumée,
» La roue aux rayons d'or de clous d'airain semée,
  » Et les quadriges éclatants?

» Pourquoi nous effrayer de clartés symboliques?
» Nous aimons qu'on nous charme en des chants bucoliques;
» Qu'on y fasse lutter Ménalque et Palémon.
» Pour dire l'avenir à notre âme débile,
  » On a l'écumante sibylle,
» Que bat à coups pressés l'aile d'un noir démon.

» Pourquoi dans nos plaisirs nous suivre comme une ombre?
» Pourquoi nous dévoiler dans sa nudité sombre
» L'affreux sépulcre, ouvert devant nos pas tremblants?
» Anacréon, chargé du poids des ans moroses,
» Pour songer à la mort se comparait aux roses
   » Qui mouraient sur ses cheveux blancs.

» Virgile n'a jamais laissé fuir de sa lyre
» Des vers qu'à Lycoris son Gallus ne pût lire.
» Toujours l'hymne d'Horace au sein des ris est né;
» Jamais il n'a versé de larmes immortelles:
   » La poussière des cascatelles
» Seule a mouillé son luth de myrtes couronné! »

V

Voilà de quels dédains leurs âmes satisfaites
Accueilleraient, ami, Dieu même et ses prophètes!
Et puis tu les verrais, vainement irrité,
Continuer, joyeux, quelque festin folâtre,
Ou, pour dormir aux sons d'une lyre idolâtre,
   Se tourner de l'autre côté.

Mais qu'importe? Accomplis ta mission sacrée.
Chante, juge, bénis; ta bouche est inspirée!
Le Seigneur en passant t'a touché de sa main;
Et, pareil au rocher qu'avait frappé Moïse
   Pour la foule au désert assise,
La poésie en flots s'échappe de ton sein.

Moi, fussé-je vaincu, j'aimerai ta victoire.
Tu le sais, pour mon cœur, ami de toute gloire,
Les triomphes d'autrui ne sont pas un affront.
Poëte, j'eus toujours un chant pour les poëtes;
Et jamais le laurier qui pare d'autres têtes
  Ne jeta d'ombre sur mon front!

Souris même à l'envie amère et discordante.
Elle outrageait Homère, elle attaquait le Dante :
Sous l'arche triomphale elle insulte au guerrier.
Il faut bien que ton nom dans ses cris retentisse;
  Le temps amène la justice :
Laisse tomber l'orage et grandir ton laurier!

VI

Telle est la majesté de tes concerts suprêmes,
Que tu sembles savoir comment les anges mêmes
Sur les harpes du ciel laissent errer leurs doigts :
On dirait que Dieu même, inspirant ton audace,
Parfois dans le désert t'apparaît face à face,
  Et qu'il te parle avec la voix!

SAÜL

TRAGÉDIE EN CINQ ACTES

INÉDITE

ACTEURS :

SAÜL, roi d'Israël.

JONATHAS, fils de Saül.

MICHOL, fille de Saül.

DAVID, époux de Michol.

ABNER, général des armées de Saül.

ACHIMÉLEC, grand prêtre.

ESDRAS, écuyer de Jonathas.

LA PYTHONISSE D'ENDOR.

Prêtres, Guerriers, Femmes.

Suite.

La scène est sur la montagne de Gelboé, dans le camp de Saül.

SAÜL

> On aime à voir comment la créature semblable à nous se
> débat avec la souffrance, y succombe, en triomphe, s'abat,
> et se relève sous la puissance du sort!
>
> *Allem.* de madame DE STAËL.

ACTE PREMIER

Le théâtre représente un camp ; on voit d'un côté les tentes du roi ; de l'autre des rochers et des arbres ; des drapeaux, des trophées sont sur le devant.

SCÈNE I

DAVID, seul, sans armes. Il est nuit.

DAVID.

Enfin je vous revois, lieux chers à ma mémoire!
Lieux autrefois remplis de bonheur et de gloire!
O palais des guerriers! ô tentes où mon roi
Du salut d'Israël se reposait sur moi!

Et vous, drapeaux sacrés! et vous, armes royales
Que Saül confiait à ces mains filiales!
Après un si long temps d'exil et de malheurs,
Je vous vois, je vous touche, et vous baigne de pleurs!...

(Il embrasse les étendards et les trophées.)

Invoquant de la nuit les ombres tutélaires,
Je rentre en fugitif au milieu de mes frères;
Je rentre, et nul guerrier ne reconnaît en moi
Ce David, le soutien, le gendre de son roi!
O Saül, ô mon maître! Et toi, Dieu redoutable
Dont la main m'éleva, dont la rigueur m'accable,
Que ne me laissais-tu dans mon obscurité?
Que mon bonheur fut court et fut trop acheté!
Élevé par mon prince au sein de sa famille,
Il m'approche du trône, il me donne sa fille;
Il me la donne! ô ciel! et par un prompt retour
M'arrache cet objet d'un immortel amour.
Jaloux de ces lauriers cueillis pour sa défense,
En contemplant ma gloire, il craint pour sa puissance,
Et je me vois trois ans proscrit de ces États
Honorés par mon nom et sauvés par mon bras...
C'en est trop, mes malheurs ont passé mon courage!
C'est languir trop longtemps dans ce honteux veuvage!
Quel qu'en soit le succès, par un dernier effort,
Je viens redemander ou Michol ou la mort.

SCÈNE II

DAVID, JONATHAS, sortant des tentes du roi.

JONATHAS, à demi-voix.

Le sommeil à la fin descend sur sa paupière;
Veillons!

(Il entend les pas de David,)

Qu'ai-je entendu? — Quel mortel téméraire
Ose franchir l'enceinte où repose son roi?
Guerrier, quel est ton nom?

DAVID.

Vive Israël! c'est moi!

JONATHAS.

C'est la voix de David!

DAVID, se jetant dans ses bras.

Oui, c'est lui, c'est ton frère,
O mon cher Jonathas!

JONATHAS.

O ciel! qu'oses-tu faire?
Viens-tu braver du roi l'implacable courroux?

DAVID.

Je viens pour le fléchir, ou tomber sous ses coups.

JONATHAS.

Tes ennemis ici veillent pour sa vengeance.

DAVID.

L'appui des innocents veille pour ma défense.

JONATHAS.

Les piéges de la mort environnent tes pas.

DAVID.

Ah! qui vit dans l'exil, ami, ne la craint pas!
Banni, persécuté, privé de ma patrie,
Errant loin de Michol, que m'importe la vie?
Que m'importent des jours traînés dans les déserts,
Loin du saint tabernacle et du Dieu que je sers?

JONATHAS.

Si Dieu les conservait au peuple qui l'adore?
Ton bras fut son salut.

DAVID.

Il le serait encore!
Au secours d'Israël que ne puis-je l'offrir?

JONATHAS.

C'est ainsi seulement que David doit mourir.
Tu sais de quels fléaux le ciel, qui nous accable,
Trouble les derniers jours d'un prince misérable;
Cet État, si longtemps affermi par ta main,
Depuis qu'il t'a perdu penche vers son déclin;
Chaque jour nous enlève un reste de puissance,
Chaque pas nous entraîne à notre décadence,
Et par tant de revers nos vainqueurs enhardis
Partagent en espoir nos funestes débris.
Le Philistin triomphe, et Juda, sans courage,
Tend ses mains sans défense aux fers de l'esclavage;
Il touche à ces moments prédits par Samuel
Où le Jourdain verra les filles d'Israël,
D'un vainqueur insolent malheureuses captives,
S'asseoir loin de Gessen et pleurer sur ses rives.
Seulement avec nous quelques rares soldats
Disputent Israël, et ne le sauvent pas;
A des vainqueurs surpris de leur propre victoire
Ils imposent encor par un reste de gloire;
Mais de l'arche de Dieu les derniers défenseurs
Combattent sans espoir et tombent sans vengeurs.

DAVID.

Sans vengeurs! et je vis! Il leur en reste encore.

JONATHAS.

Dieu ne se souvient plus du peuple qui l'adore;
Israël, autrefois l'objet de son amour,
Le jour qui va paraître est-il ton dernier jour?

DAVID.

Que dis-tu?

JONATHAS.

Que demain le combat recommence;
Qu'aux pieds de Gelboé le Philistin s'avance,
Et que, de toutes parts d'ennemis entourés,
Il faut vaincre ou périr.

DAVID.

Chers amis, vous vaincrez!
Vous vaincrez, ou David, couché sur la poussière,
Aura mêlé son sang au pur sang de son frère.
Viens, que Saül en moi retrouve enfin son fils.

JONATHAS.

Garde-toi de t'offrir à ses regards surpris!
Crains d'éveiller en lui cette fureur soudaine
Dont le bouillant transport à ton seul nom l'entraîne;
Attends que ses esprits, par nos soins préparés,
De ses préventions reviennent par degrés;
Laisse agir de Michol la tendresse prudente;
Voici l'heure où, quittant le repos de sa tente,
Quand sa douleur fidèle a chassé le sommeil,
Elle vient de Saül attendre le réveil,
Aux forêts, à la nuit confier ses alarmes,
Adresser au Seigneur sa prière et ses larmes,
Et se plaignant au ciel, sans accuser son roi,
Lui présenter les vœux qu'elle forme pour toi!

Aux transports accablants que causerait ta vue
Laisse-moi préparer son âme trop émue.
Laisse... Mais la voici!

DAVID.

C'est elle, je l'entends,
Ah! je la reconnais au trouble que je sens!

SCÈNE III

LES PRÉCÉDENTS, MICHOL, dans l'obscurité.

MICHOL, sans voir Jonathas.

L'astre des nuits à peine a fini sa carrière,
Et déjà le sommeil a fui de ma paupière!
O nuit, ô doux sommeil, tout ressent vos bienfaits,
Hélas, et mes yeux seuls ne les goûtent jamais.

(Elle tombe à genoux près de l'arche.)

Toi que j'invoque en vain, toi dont la main puissante
A semé de ces feux la voûte éblouissante,
Toi, de qui la parole a formé les humains
Pour servir de spectacle à tes regards divins,
O Dieu! si de ce trône ardent, inaccessible,
Où se cache à nos yeux ta majesté terrible,
Tu daignes abaisser tes regards jusqu'à nous,
Vois une amante en pleurs tombant à tes genoux,
Vois ce cœur déchiré qui saigne et qui t'implore
Au pied du tabernacle où tu veux qu'on t'adore,

T'offrir, sans se lasser de tes cruels refus,
Des vœux toujours soumis et jamais entendus.
Vois en pitié ce peuple accablé de misère,
Vois en pitié ce roi que poursuit ta colère!
A ce peuple abattu rends la vie, ô Seigneur,
Rends ta force à Saül, et David à mon cœur.

(Elle se relève.)

Quoi! le ciel aurait-il écouté ma prière?
Ma prière a rendu ma douleur moins amère :
Il semble qu'en mon cœur une invisible main
Verse un baume inconnu qui rafraîchit mon sein!
Quel pouvoir assoupit le feu qui me dévore?
Est-ce un premier regard de ce Dieu que j'implore?
Est-ce un rayon d'espoir qui descend dans mon cœur?
Mais pour moi l'espérance, hélas! n'est qu'une erreur.

(Avec plus d'abattement.)

O David! que fais-tu? dans quel climat barbare
Gémis-tu, loin de moi, du sort qui nous sépare?
Quels monts ou quels rochers cachent tes tristes jours?
Dans quel désert languit l'objet de mes amours?
Seul, au fond des forêts, peut-être à la même heure
Il lève au ciel ses mains, il m'appelle, il me pleure?
Il pleure, et nos soupirs, autrefois confondus,
Emportés par les vents, ne se répondent plus.
Ah! pour moi, jusqu'au jour où la main de mon père
Aura fermé mes yeux lassés de la lumière,
Redemandant David et lui tendant les bras,
Mes yeux de le pleurer ne se lasseront pas.

JONATHAS, s'avançant vers Michol.

Épouse de David, que le Dieu de nos pères
Vous comble dans ce jour de ses bontés prospères!

MICHOL.

Pourquoi me parlez-vous des bontés du Seigneur?
Je n'ai depuis longtemps connu que sa rigueur.

JONATHAS.

Le Seigneur est sévère et n'est pas inflexible :
Aux cris de l'innocence il se montre sensible,
Il abat, il relève, il console, il punit,
Tel aujourd'hui l'accuse, et demain le bénit.

MICHOL.

J'adore sa justice et ne puis la comprendre :
La voix d'un cœur brisé n'a pu s'en faire entendre ;
Il m'a ravi la joie, et la tombe aujourd'hui
Est le dernier bienfait que j'attende de lui.

JONATHAS.

Mais si ce Dieu, ma sœur, lassé de sa colère,
Jetait sur Israël un regard moins sévère?
S'il désarmait son bras, s'il ramenait à nous
Le vengeur de Juda, mon espoir, votre époux?
Si David...?

MICHOL.

Ah! cruel, quel est donc ce langage?
Pourquoi d'un tel bonheur me rappeler l'image?
Arraché de mes bras depuis un si long temps,
David est-il encore au nombre des vivants?

JONATHAS.

Eh bien, apprenez donc le sujet de ma joie :
Il vit...

MICHOL.

Il vit, ô ciel!

JONATHAS.

Et Dieu vous le renvoie.

MICHOL.

Est-il vrai? quoi! David...? — Ne me trompez-vous pas?
Je reverrais David?

DAVID, s'élançant du bosquet où il était caché.

David est dans tes bras.

MICHOL.

Dieu! n'est-ce point un songe? Est-il vrai que je veille?
David! quoi! c'est sa voix qui frappe mon oreille?
Je le vois, je le touche. Oh! Dieu qui me le rends,
Ah! laisse-moi mourir dans ses embrassements.

DAVID.

Une seconde fois s'il faut que je la pleure,
Dieu qui vois mon délire, ô Dieu, fais que je meure!

MICHOL.

Non, nous mourrons ensemble, ou je suivrai tes pas!
Mais parle, qu'as-tu fait? dans quel climat sauvage
As-tu caché tes jours pendant ce long veuvage?
Quel dieu te protégea quel dieu t'a ramené?

DAVID.

Hélas! traînant partout mon sort infortuné,
Quels bords n'ont pas été témoins de ma misère?
J'ai porté ma fortune aux deux bouts de la terre.
D'abord, loin des humains, seul avec ma douleur,
J'ai cherché les déserts, et j'aimais leur horreur;
Des profondes forêts j'aimais les vastes ombres.
Les monts et les rochers et leurs cavernes sombres
M'ont vu, pendant deux ans, troublant leur triste paix,
Disputer un asile aux monstres des forêts,
Arracher aux lions leur dépouille sanglante,
Et me nourrir, comme eux, d'une chair palpitante.
Du moins, lorsque la nuit enveloppait les cieux,
Je gravissais les monts qui dominent ces lieux,
Et, parcourant de loin cette immense étendue,
Je revoyais la terre à mes yeux si connue.
La lune, me prêtant ses paisibles clartés,
Me montrait les vallons par mon peuple habités,
La plaine où tant de gloire illustra mon jeune âge,
Et du fleuve sacré le fertile rivage;
Sur son cours fortuné j'attachais mes regards,
Et mes yeux de Sion distinguaient les remparts.
« Voilà Sion, disais-je, et voici la demeure
Où soupire Michol, où Jonathas me pleure :
Tout ce qui me fut cher habite dans ces lieux. »

Et je ne pouvais plus en détacher mes yeux.
Enfin, las de traîner ma honteuse existence,
Dans mes oisives mains je ressaisis ma lance,
Et, brûlant de trouver un illustre trépas,
J'allai chercher la mort au milieu des combats.
J'allai chercher la mort, je rencontrai la gloire,
Je volai comme ici de victoire en victoire;
Plus d'un peuple étonné me demanda pour roi;
J'ai préféré mourir à régner loin de toi,
Et je reviens enfin, à mes serments fidèle,
Vaincre pour ma patrie ou tomber avec elle.

MICHOL.

Mais sais-tu?...

DAVID.

Je sais tout et ne redoute rien.
Ce bras est votre appui, mon Dieu sera le mien.

MICHOL.

Mais Saül...

DAVID.

Ses malheurs l'auront changé peut-être.

JONATHAS.

Fuis! les moments sont chers, et le roi va paraître;
Que ce bocage épais te dérobe à ses yeux!

(David se retire.)

MICHOL.

Après tant d'infortune, attendons tout des cieux.

SCÈNE IV

MICHOL, JONATHAS, SAÜL.

SAÜL, sortant de sa tente.

L'ombre fuit, et la terre a salué l'aurore ;
Quand le Dieu d'Israël me regardait encore,
Chaque jour m'annonçait un bienfait du Seigneur ;
Chaque jour maintenant m'apporte son malheur.
Quand le flambeau des cieux va finir sa carrière,
Je crains l'ombre : il revient, et je hais la lumière.
Mais qui cache aujourd'hui son disque pâlissant ?
O ciel! il s'est voilé d'un nuage sanglant !
D'une clarté livide il couvre la nature.
Voyez les eaux, le ciel, les rochers, la verdure,
Tout ne se peint-il pas d'une horrible couleur ?
— Soleil, je te comprends, et je frémis d'horreur.

MICHOL.

Mon père, calmez-vous, jamais sur la nature
L'aurore n'a paru plus sereine et plus pure.

JONATHAS.

Oh! mon roi, quel prestige a fasciné vos yeux?
Jamais un jour plus beau n'a brillé dans les cieux.

SAÜL.

Qui me soulagera du poids de ma vieillesse?
Hélas! qui me rendra les jours de ma jeunesse?
Aux plaines de Gessen qui conduira mes pas?
Qui me rendra ma force au milieu des combats?
Qui me rendra ces jours où ma terrible épée
Brillait comme l'éclair au fort de la mêlée;
Où, comme un vil troupeau dispersé devant nous,
Le superbe étranger embrassait mes genoux?
Autrefois tous mes jours se levaient sans nuage;
Tel qu'un jeune lion amoureux du carnage,
Chaque jour j'attaquais un ennemi nouveau,
Chaque jour m'apportait un triomphe plus beau;
Israël reposait à l'ombre de mes tentes;
Je chargeais ses autels de dépouilles sanglantes,
Et le peuple de Dieu, couronnant son vengeur,
Disait : Gloire à Saül! — et moi : Gloire au Seigneur!

(Un moment de silence.)

Et maintenant qui suis-je? Une ombre de moi-même,
Un roi qu'on abandonne à son heure suprême.
Combattant vainement cette fatalité,
Ce pouvoir inconnu dont je suis agité,
Persécuté, puni, sans connaître mon crime,
Par une main de fer entraîné dans l'abîme,
Triste objet de pitié, de mépris ou d'effroi,
L'esprit du Dieu vivant s'est séparé de moi...

MICHOL.

O mon père, éloignez cette horrible pensée.

JONATHAS.

Rappelez, ô mon roi, votre vertu passée!
Soyez toujours Saül! Qu'Israël aujourd'hui
Retrouve en vous son roi, son vengeur, son appui!
Ramenez la fortune au bruit de votre gloire.

SAÜL.

Malheureux, est-ce à moi de parler de victoire?
Va! loin des cheveux blancs la victoire s'enfuit;
Va! je traîne partout le malheur qui me suit!
Ce bras est impuissant pour sauver ma couronne :
Dieu la mit sur mon front, mais ce Dieu m'abandonne,
Et partout un abîme est ouvert sous mes pas.

JONATHAS.

Nous fléchirons le ciel.

SAÜL.

On ne le fléchit pas.
Inexorable, au gré de son ordre suprême,
Il conduit les mortels, les peuples, les rois même;
Aveugles instruments de ses secrets desseins,
Tout tremble devant nous, nous tremblons dans ses mains!
Sous les doigts du potier l'argile est moins soumise,
Et Dieu, quand il lui plaît, nous rejette et nous brise.
Il m'a brisé, mon fils, j'ai régné, j'ai vécu,
Bientôt ma race et moi nous aurons disparu.

JONATHAS.

D'où vous vient, ô mon roi, cet effrayant augure?

SAÜL.

Va! je lis mon arrêt sur toute la nature!
Un fantôme implacable agite mon sommeil,
Un fantôme implacable assiége mon réveil;
Mille songes affreux sans liaison, sans suite,
Sont présents à toute heure à mon âme interdite.
— Un jeune homme expirant sous un coup inhumain,
— Un vieillard malheureux se perçant de sa main,
— Un trône en poudre, un roi dont le destin s'achève,
— Un astre qui s'éteint, — Un astre qui se lève,
— De la joie et du sang, un triomphe, un cercueil,
— Et des chants de victoire et des accents de deuil!...
Ce désordre confus et ces sombres images
Peut-être du sommeil sont-ils les vains ouvrages?
J'ai fait pour les lier des efforts superflus...
Mon fils! depuis longtemps Dieu ne m'éclaire plus.

JONATHAS.

Demandez-lui, seigneur, sa force et sa lumière;
Espérez tout de lui!

SAÜL.

    Que veux-tu que j'espère?
Où sont mes défenseurs, où sont mes compagnons?
Le glaive a moissonné leurs vaillants bataillons:
Au milieu des combats ils sont tombés sans vie;
Je foule leur poussière, et je leur porte envie.
Ils sont morts dans leur gloire en vengeant leur pays:
C'est moi qu'il faut pleurer, puisque je leur survis.
Quel appui, Dieu puissant, reste-t-il à ta cause?
Sur quel héros faut-il que mon bras se repose?

Un vieillard, un enfant, une femme et des pleurs...
Voilà donc mon espoir! voilà donc tes vengeurs!

MICHOL.

Il en restait un autre.

SAÜL.

Et qui donc?

JONATHAS.

O mon père,
N'aviez-vous pas deux fils? n'avais-je pas un frère?

SAÜL.

Que dites-vous? O ciel! ô! regrets superflus!
Oui, David fut mon fils; hélas! il ne l'est plus :
David n'est plus mon fils! Ah! s'il l'était encore,
S'il entendait la voix du vieillard qui l'implore,
Si le Seigneur pour nous armait encor sa main
De la fronde sacrée ou du glaive divin,
Il rendrait à mes sens la force et la lumière;
Et l'ennemi tremblant, couché dans la poussière,
Sous nos coups réunis tomberait aujourd'hui!
Car David est ma force, et Dieu marche avec lui.
Mais j'ai brisé moi-même un appui si fidèle,
C'est par des attentats que j'ai payé son zèle...
David n'est plus mon fils, je l'ai trop outragé;
Si mon malheur le venge, il est assez vengé.

JONATHAS.

A ce héros, seigneur, rendez plus de justice!
Ah! s'il savait son prince au bord du précipice,
Ce héros généreux viendrait, n'en doutez pas,
Se venger de vos torts en vous offrant son bras.

SAÜL.

Ah! tu dis vrai peut-être... oui, ce cœur magnanime
Est fait pour concevoir un dessein si sublime;
Mais séparé de nous, au fond de ses déserts,
Il n'a point entendu le bruit de nos revers;
Il ne reviendra pas me ramener ma gloire.

JONATHAS.

Eh bien! seigneur, eh bien! ce que vous n'osez croire,
Ce fils reconnaissant pour vous l'a déjà fait.

SAÜL.

Oh! ciel!

JONATHAS.

Oui, de ces lieux s'approchant en secret,
David, humble et tremblant, attend dans le silence
Que son père et son roi l'admette en sa présence.

SAÜL.

Quoi! David?

JONATHAS.

Oui, David, en ce danger pressant,
Vient vous offrir sa tête ou vous donner son sang!

SAÜL.

Ah! béni soit le ciel qui vers nous le renvoie!
David, où donc es-tu? Courez, que je le voie;
Je brûle de serrer dans mes bras attendris
Le salut d'Israël, mon vengeur et mon fils!

(Michol et Jonathas se retirent.

SCÈNE V

SAÜL, seul.

Je vais donc le revoir! Jour heureux et terrible!
Pour un cœur grand et fier, oh! Dieu! qu'il est pénible
De s'offrir dans l'opprobre et dans l'adversité
Aux regards d'un héros qu'on a persécuté!
Mais que dis-tu, Saül? dans ce moment suprême,
Sois juste! et tu seras plus grand qu'il n'est lui-même.

SCÈNE VI

SAÜL, MICHOL, JONATHAS, DAVID.

SAÜL, à David.

Approche, ami de Dieu, viens embrasser ton roi.

DAVID, tombant à genoux.

Ton esclave en tremblant s'avance devant toi,
Et, tout chargé du poids de ta longue colère,
Il implore à genoux un regard moins sévère.

SAÜL.

Que fais-tu? c'est à moi de tomber à tes pieds;
C'est à moi de baisser mes yeux humiliés :

Je fus ton oppresseur, et je vois ma victime!
Je fus injuste et dur, tu fus grand et sublime!
Je t'ai persécuté, tu viens me secourir!
Tu m'as vaincu, David, c'est à moi de rougir.
Mais je ne rougis point d'avouer ma faiblesse,
Hélas! on a tout fait pour tromper ma vieillesse :
Pour égarer mon cœur, un prestige fatal
Dans mon plus ferme appui me fit voir un rival.
Que ne puis-je effacer ces jours de ta disgrâce;
Que ne puis-je...! ah! du moins ma douleur les efface!
Viens, généreux ami, de ton roi malheureux
Viens en jours éclatants changer les jours affreux.

DAVID.

Ah! c'en est trop, seigneur, ce jour, ce jour propice
Réparerait lui seul un siècle d'injustice;
Eh quoi! mon bienfaiteur, mon seigneur et mon roi
Jusqu'à me supplier s'abaisse devant moi!
Eh! de vos mains, ô roi, ne suis-je pas l'ouvrage?

SAÜL.

Un héros tel que toi doit tout à son courage;
Il est l'œuvre de Dieu, le fils de ses exploits :
Cesse de rappeler tout ce que tu me dois;
Je te dois plus moi-même, et tant de modestie
Ajoute un nouveau lustre à l'éclat de ta vie.

(Apercevant l'humble vêtement de David.)

Mais dans quel humble état parais-tu dans ces lieux?
Où sont de tes exploits les témoins glorieux,
Ces ornements guerriers, cette éclatante armure,
D'un gendre de Saül belliqueuse parure?
Quel est cet humble habit, mon fils, où je te vois?

DAVID.

C'est celui d'un berger; celui que devant toi
L'humble fils d'Isaï portait dans son enfance,
Quand il fut, dans Sichem, admis en ta présence,

SAÜL.

Pourquoi l'as-tu repris?

DAVID.

Son souvenir m'est doux :
Nu vous m'avez reçu, nu je reviens vers vous!
Tel que j'étais, Saül, avant que ta tendresse
Eût par tant de faveurs exalté ma jeunesse.

SAÜL.

O fils digne en effet de toute ma faveur,
Dans cet abaissement j'admire ta grandeur!
Laisse-moi réparer un trop cruel outrage!
Reçois de mon amour, reçois ce nouveau gage.

(Il lui donne sa lance.)

Tiens, je n'ai pas besoin de t'en dire l'emploi,
Tu sais ce qu'aujourd'hui Saül attend de toi.

JONATHAS, lui offrant son casque.

O mon frère, permets que ma main faible encore
Offre aussi son hommage au héros que j'honore;
Prend ce casque, et, brillant dans mes premiers combats,
Qu'il fixe mes regards et dirige mes pas.

MICHOL, lui donnant le bouclier.

Et moi, je viens t'offrir d'une main plus tremblante
Un don plus rassurant pour le cœur d'une amante,
Ce bouclier sacré qu'en des jours plus heureux
Mes mains avaient orné d'emblèmes amoureux.
Qu'il émousse les traits d'une main ennemie,
Qu'il couvre de son ombre et ton peuple et ta vie;
Et toi, songe, ô David, en le portant toujours,
Que c'est moi qu'il protége en protégeant tes jours.

DAVID, élevant son arme dans ses mains.

O toi qui de la fronde armas mes mains timides,
Toi qui prêtas ta force à mes flèches rapides,
Arbitre des combats, Dieu terrible, Dieu fort,
Qui portes dans tes yeux la terreur et la mort,
Daigne bénir encor ces armes plus terribles;
Quitte, quitte, Seigneur, tes hauteurs invisibles;
Viens, descends et combats, et, sous l'œil de mon roi,
Fais-moi vaincre aujourd'hui pour ton peuple et pour toi!

SAÜL.

Allons, déjà j'entends la trompette sacrée:
Mes guerriers de ces lieux vont assiéger l'entrée.
Viens montrer à Juda son dernier défenseur!
L'espoir, à ton aspect, renaîtra dans son cœur.

ACTE DEUXIÈME

SCÈNE I

SAÜL, ABNER.

ABNER.

Entendez-vous, seigneur, ces transports d'allégresse?
Autour de son héros tout ce peuple s'empresse,
Il le nomme son chef, son vengeur, son appui,
Et toutes les tribus s'inclinent devant lui.

SAÜL.

Oui, ce peuple, en effet, lui rend un digne hommage,
Et des faveurs du ciel il voit en lui le gage;
Songeons à profiter de ce moment d'ardeur:
Un peuple sûr de vaincre est à demi vainqueur.
Mais toi, si par ton front je dois juger ton âme,
Tu ne partages pas l'espoir qui les enflamme;
Quel est ce changement? Parle, fidèle ami.

ABNER.

Seigneur, vous savez trop si jamais l'ennemi

A fait trembler ce cœur vieilli dans les alarmes;
Assez d'exploits peut-être ont illustré mes armes
Pour prouver à mon roi qu'une indigne terreur
Ne saurait de mon bras démentir la valeur.
Mais devant le salut du roi que je révère,
Je dois contraindre ici mon courage à se taire;
Et l'esprit occupé d'un intérêt plus grand
Va me dicter, seigneur, un avis plus prudent :
Oui, suspendez enfin une ardeur trop bouillante,
Enchaînez d'Israël la fougue impatiente,
Que la crainte une fois retienne votre bras,
Et, loin de les chercher, évitez les combats.

SAÜL.

Et qui peut t'inspirer...?

ABNER.

Le soin de votre gloire.

SAÜL.

Mais enfin pour ton roi que crains-tu?

ABNER.

La victoire.
Oui, seigneur, oui, tremblez d'être aujourd'hui vainqueur,
Si David du succès doit seul avoir l'honneur.
Vous savez jusqu'où va, pour ce héros qu'il aime,
De ce peuple égaré l'enthousiasme extrême;
Vous l'avez déjà vu, trop justement jaloux,
Lui prodiguer des noms qui n'étaient dus qu'à vous :

Vous le verrez bientôt, plus hardi, plus volage,
Vous faire, pour David, un plus sanglant outrage,
Dans vos propres succès vous trouver un affront,
Arracher vos exploits pour en orner son front,
Et peut-être...

SAÜL.

J'entends ce que tu n'oses dire,
Abner, et je rends grâce au zèle qui t'inspire;
Mais ce n'est plus le temps, ami, de ménager
Mes propres intérêts, dans le commun danger.
Le salut d'Israël n'est que dans la victoire;
Qu'un rival préféré m'en dispute la gloire;
Que ce peuple inconstant, proclamant sa valeur,
D'un triomphe commun lui donne tout l'honneur,
Qu'importe? A ses honneurs loin de porter envie,
Notre rivalité sauvera la patrie,
Et, juge de nos coups, Israël aujourd'hui
Prononcera, s'il ose, entre Saül et lui.

ABNER.

Mais si vous succombez, seigneur?...

SAÜL.

Si je succombe,
La gloire de ma mort consacrera ma tombe,
Et ce sceptre sanglant, jusqu'au bout défendu,
Sur ma cendre à mon fils sera du moins rendu.

ABNER.

Quoi! vous comptez, seigneur, sur la reconnaissance

De ce peuple fameux par sa lâche inconstance?
Qui, des dieux étrangers stupide adorateur,
Vingt fois pour Bélial a trahi le Seigneur?
Vous pensez qu'à son Dieu, qu'à Moïse infidèle,
Pour le sang de ses rois il aura plus de zèle?
Qu'il remettra le sceptre aux mains de Jonathas?
Ah! prince... ah! jugez mieux : les peuples sont ingrats,
Ils ne savent aimer que ceux qu'ils peuvent craindre;
Et leur servile amour, toujours prompt à s'éteindre,
Par un nouveau caprice aussitôt remplacé,
Chez nous du père au fils a rarement passé.
Malheur au fils de roi qui n'a pour sa défense
Que les droits méconnus de sa sainte naissance!
Si, trop voisin du trône, un jeune ambitieux
Jusqu'au trône lui-même osait porter les yeux,
Si Saül est trop grand pour craindre pour lui-même,
Hélas! qu'il craigne au moins pour cet enfant qu'il aime.

SAÜL.

Va, je suis las de craindre et de flotter toujours
Dans ces perplexités où se perdent mes jours!
La prudence me nuit, le doute m'importune,
Et je veux corps à corps affronter ma fortune.
C'est trop fuir, hésiter, prévoir et balancer!
Au-devant de mon sort je prétends m'élancer,
Et, plongeant hardiment dans ces ombres funèbres,
Arracher mon destin du sein de ses ténèbres.

ABNER.

Ah! prince, nos destins ne sont faits que par nous :
C'est en les prévoyant qu'on peut parer leurs coups.

SAÜL.

Et comment les prévoir, quand par tant de miracles
Le ciel ferme partout la bouche à ses oracles?
Pour arracher de lui l'obscure vérité
Que n'ai-je point offert? que n'ai-je point tenté?
Mais les autels sont sourds, l'arche même est muette,
Et dans tout Israël il n'est pas un prophète!

ABNER.

Oui, dans l'esprit menteur des prêtres corrompus,
L'esprit du Dieu vivant, seigneur, ne descend plus :
Mais chez le peuple saint, il est, il est encore
Des cœurs simples et purs que le zèle dévore,
Et qui, lisant le livre à nos yeux effacé,
Racontent l'avenir ainsi que le passé.

SAÜL.

Et dans quelle tribu? depuis quand? Quel silence
M'en a jusqu'à ce jour dérobé l'existence?
Parle, quel est le nom de cet homme pieux
Qu'un mystère coupable a soustrait à mes yeux?

ABNER.

C'est une simple femme : Endor est sa patrie :
L'obscurité longtemps enveloppa sa vie;
Mais depuis que l'Esprit sur elle est descendu,
Tout à coup dans Juda son nom s'est répandu.
On dit que l'avenir pour elle est sans mystères,
Qu'elle a prophétisé sur le sort de ses frères,

Sur David et sur vous... qu'elle a lu dans les cieux
De sinistres secrets...

SAÜL.

Qu'on l'amène à mes yeux !
Toi, garde cette enceinte, et que nul téméraire
Pendant cet entretien n'en trouble le mystère !

SCÈNE II

SAÜL, seul.

Peut-être, puisque enfin je puis le consulter,
Le ciel peut-être est las de me persécuter.
A mes yeux dessillés la vérité va luire ;
Mais au livre du sort, ô Dieu ! que vont-ils lire ?
— De ce livre fatal qui s'explique trop tôt
Chaque jour, chaque instant, hélas ! révèle un mot.
Pourquoi donc devancer le temps qui nous l'apporte ?
Pourquoi... dans cet abîme... avant l'heure...? — N'importe,
C'est trop, c'est trop longtemps attendre dans la nuit
Les invisibles coups du bras qui me poursuit.
J'aime-mieux dérouler la trame infortunée,
Et lire d'un seul trait toute ma destinée.

(Pendant ces derniers mots, la Pythonisse entre sans être vue de Saül.)

SCÈNE III

SAÜL, LA PYTHONISSE D'ENDOR.

SAÜL, se retournant et apercevant la Pythonisse immobile au fond de la scène.

Est-ce toi qui, portant l'avenir dans ton sein,
Viens au roi d'Israël annoncer son destin?

LA PYTHONISSE.

C'est moi!

SAÜL.

Qui donc es-tu?

LA PYTHONISSE.

La voix du Dieu suprême.

SAÜL.

Tremble de me tromper!

LA PYTHONISSE.

Saül, tremble toi-même.

SAÜL.

Eh bien! qu'apportes-tu?

LA PYTHONISSE.

Ton arrêt.

SAÜL.

Parle!

LA PYTHONISSE, avec douleur.

         O ciel,
Pourquoi m'as-tu choisie entre tout Israël?
Seigneur, mon cœur est faible, et mon sexe est timide;
Choisis pour ton organe un sein plus intrépide.
Pour annoncer au roi tes divines fureurs,
Qui suis-je?

SAÜL.

   Tu frémis, et tu verses des pleurs!
Quoi, ministre du ciel, tu n'es plus qu'une femme?

LA PYTHONISSE.

Détruis donc, ô mon Dieu! la pitié dans mon âme!

SAÜL.

Par ces lâches terreurs penses-tu m'ébranler?

LA PYTHONISSE, avec effort.

Mais ma bouche, ô mon Dieu! se refuse à parler.

SAÜL, avec colère.

Tes lenteurs, à la fin, lassent ma patience,
Parle si tu le peux, ou sors de ma présence!

LA PYTHONISSE.

Que ne puis-je en sortant emporter avec moi
Tout ce qu'ici je viens prophétiser sur toi!
Mais un Dieu me retient, me pousse, me ramène;
Je ne puis résister à sa main qui m'entraîne.
Oui, je sens ta présence, ô Dieu persécuteur!
Et ta fureur divine a passé dans mon cœur.

(Avec plus d'horreur.)

Mais quel rayon sanglant vient frapper ma paupière?
Mon œil épouvanté cherche et fuit la lumière.
Silence! — le Destin m'ouvre ses noirs secrets:
Quel chaos de malheurs, de vertus, de forfaits!
Dans la confusion je les vois tous ensemble:
Comment, comment saisir le fil qui les rassemble?
Saül! — Michol! — David! — malheureux Jonathas!
Arrête, arrête, ô roi, ne m'interroge pas!

SAÜL, tremblant.

Que dis-tu de David, de Jonathas? Achève!

LA PYTHONISSE, toujours inspirée.

Oui, l'ombre se dissipe, et le voile se lève.
Ciel! de ce que je vois faut-il percer son cœur?
— Vous le voulez, ô roi?

SAÜL.

Dis tout!

LA PYTHONISSE.

Il est vainqueur,
Quel triomphe! ô David! que d'éclat t'environne!
Que vois-je sur ton front?

SAÜL.

Achève!

LA PYTHONISSE.

Une couronne!

SAÜL.

Perfide, que dis-tu? David est couronné?

LA PYTHONISSE.

Hélas! et tu péris, enfant infortuné!

Et pour pleurer ton sort, jeune et tendre victime,
Les palmiers de Cadès ont incliné leur cime.
Oh ciel! épargne-le, détourne tes fureurs,
Saül a bien assez de ses propres malheurs!
Mais la mort l'a frappé sans pitié pour ses charmes,
Hélas! et David même en a versé des larmes...

SAÜL.

Silence! — c'est assez; j'en ai trop écouté.

LA PYTHONISSE, sans l'entendre.

Saül, pour tes forfaits ton fils est rejeté;
D'un prince condamné Dieu détourne sa face,
D'un souffle de sa bouche il dissipe sa race;
Le sceptre est arraché...

SAÜL, avec emportement.

Tais-toi, dis-je, tais-toi!

LA PYTHONISSE.

Saül, Saül, écoute un Dieu plus fort que moi.
Le sceptre est arraché de tes mains sans défense,
Le sceptre chez David passe avec ta puissance,
Et ces biens par Dieu même à ta race promis,
Transportés à David, passeront à ses fils.
Que David est brillant! Que son triomphe est juste!
Qu'il sort de rejetons de cette tige auguste!
Que vois-je? Un Dieu lui-même! O vierges du saint lieu,
Chantez, chantez David, David enfante un Dieu!

SAÜL, avec plus de fureur.

Ton audace à la fin a comblé la mesure!
Va, tout respire en toi la fourbe et l'imposture.
Dieu m'a promis le trône, et Dieu ne trompe pas.

LA PYTHONISSE.

Dieu promet ses fureurs à des princes ingrats.

SAÜL.

Crois-tu qu'impunément ta bouche ici m'outrage?

LA PYTHONISSE.

Crois-tu faire d'un Dieu varier le langage?

SAÜL.

Sais-tu quel sort t'attend? sais-tu...?

LA PYTHONISSE.

Ce que je sais
C'est que ton propre bras va punir tes forfaits!
Et qu'avant que des cieux le flambeau se retire
Un Dieu justifîra tout ce qu'un Dieu m'inspire.
Adieu, malheureux père! adieu, malheureux roi!

(Elle veut s'éloigner, Saül la retient.)

SAÜL.

Non, non, perfide; reste; écoute et réponds-moi!

C'est souffrir trop longtemps l'insolence et l'injure,
Je veux convaincre ici ta bouche d'imposture.
Si le ciel à tes yeux a su les révéler,
Quels sont donc ces forfaits dont tu m'oses parler?

LA PYTHONISSE.

L'ombre les a couverts, l'ombre les couvre encore,
Saül, mais le ciel voit ce que la terre ignore.
Ne tente pas le ciel!

SAÜL.

Non, parle, si tu sais!

LA PYTHONISSE.

L'ombre de Samuel te dira ces forfaits!...

SAÜL.

Samuel, Samuel! Eh quoi! que veux-tu dire?

LA PYTHONISSE.

Toi-même en traits de sang ne peux-tu pas le lire?

SAÜL.

Eh bien! qu'a de commun Samuel avec moi?

LA PYTHONISSE.

Qui plongea dans son sein le fer sanglant?

SAÜL.

Qui?

LA PYTHONISSE.

Toi.

SAÜL, hors de lui.

Monstre qu'a trop longtemps épargné ma clémenc
Ton audace à la fin appelle ma vengeance.

(Il lève sa lance et la poursuit.)

Tiens, va dire à ton Dieu, va dire à Samuel
Comment Saül punit ta perfidie...

(Au moment où il va la frapper, il aperçoit l'ombre de Samuel : il laisse tomber le fer ; il recule.)

Oh ciel !
Ciel ! que vois-je ? c'est toi ! c'est ton ombre sanglante !
Quels regards ! — Son aspect me glace d'épouvante.
Pardonne, ombre fatale, ah ! pardonne ! oui, c'est moi !
C'est moi qui t'ai porté tous ces coups que je vois !
Quoi ! depuis si longtemps ? quoi ! ton sang coule encore ?
Viens-tu pour le venger ? — Tiens !

(Il découvre sa poitrine et la présente à Samuel.)

Mais il s'évapore.

(La Pythonisse sort pendant ces derniers mots)

SCÈNE IV

SAÜL, MICHOL, ABNER, JONATHAS, DAVID.

Jonathas et David reviennent du camp. Saül est absorbé dans sa vision.

JONATHAS, en entrant sur la scène.

Quels moments!

MICHOL, à Jonathas.

Quels transports a causés son retour!
Tout ce peuple enivré partageait mon amour.

JONATHAS, s'approchant du roi.

Seigneur, de nos guerriers l'élite déjà prête
Se dispose au combat comme pour une fête;
A l'aspect de David, une antique valeur
Ranime leur espoir et rentre dans leur cœur;
L'étendard belliqueux dans les airs se déploie,
On pousse mille cris de victoire et de joie,
Qu'attendez-vous? Venez donner à nos soldats
L'exemple et le signal.

SAÜL, comme sortant d'un sommeil.

Qui parle de combats?

JONATHAS.

Eh quoi! seigneur, ici, vous-même tout à l'heure
N'ordonnâtes-vous pas...?

SAÜL.

Il suffit. Qu'on demeure!
Qu'on retire à l'instant l'ordre que j'ai donné.

(Avec égarement et à demi-voix.)

Hélas! et tu péris, jeune homme infortuné,
Et pour pleurer ta mort, jeune et tendre victime,
Les palmiers de Cadès ont incliné leur cime.
Le sang de Samuel sur toi sera vengé.

MICHOL, bas.

Dans quel égarement le roi paraît plongé!

(Haut à Saül.)

A quels nouveaux ennuis votre âme est-elle en proie,
Quand tout respire ici l'espérance et la joie,
Quand le Dieu d'Israël, lassé de ses rigueurs,
Semble annoncer enfin un terme à nos malheurs?

SAÜL.

Insensés qui parlez d'espérance et de joie,
Que plutôt dans ses pleurs tout Israël se noie!
Quoi, n'entendez-vous pas ces voix des éléments,
Ces soupirs dans les airs, ces sourds gémissements?
Quoi, ne voyez-vous pas dans toute la nature
Du sort qui nous attend l'épouvantable augure?
Mais non. — Les malheureux! — Le Dieu qui les poursuit
Leur dérobe l'abîme où son bras les conduit.
O race infortunée! ô misérable père!
Est-ce vous que Dieu trompe? Est-ce moi qu'il éclaire?

JONATHAS.

O roi! mettons un terme à cette anxiété,

Et dans l'événement cherchons la vérité;
Combattons, et trouvons dans le sein de la gloire
La perte ou le salut, la mort ou la victoire.

SAÜL.

Ah! s'il ne s'agissait ici que de mon sort,
Tu sais, mon fils, tu sais si je fuirais la mort!
Vingt fois déjà, vingt fois, à travers la mêlée,
J'aurais abandonné mon sort à mon épée!
Dieux! avec quelle joie, au plus fort des combats,
J'aurais sans bouclier précipité mes pas,
Et provoquant les coups de la foule ennemie,
Donnant partout la mort, et prodiguant ma vie,
Seul contre tous, faisant moi-même mon destin,
De mes horribles jours trouvé l'horrible fin!
Mais laisser après moi sans appui, sans défense,
Un fils à peine encore échappé de l'enfance,
Crédule, environné de piéges imposteurs
Et livré par ma mort à ses persécuteurs!
Ah! par ce dernier coup mon cœur se laisse abattre.

DAVID.

Eh bien! vivez, seigneur, et laissez-moi combattre.
Conservez à vos fils des jours si précieux!
Laissez-moi seul tenter la fortune et les cieux:
Si j'en crois de mon cœur la secrète espérance,
Si j'en crois de mon Dieu l'infaillible assurance,
Ce bras, que soutiendra le bras de l'Éternel,
Seul encor suffira pour sauver Israël.

SAÜL, avec une fureur concentrée.

Quel étrange discours et quel secret outrage!

Je reconnais, David, ce superbe langage!
C'est ainsi qu'autrefois on t'entendit parler
Quand tes exploits aux miens osèrent s'égaler.
Que dis-je? quand ce peuple, en son délire extrême,
Osa mettre ton bras au-dessus du mien même.

DAVID.

Ah! seigneur, oubliez ces coupables clameurs
Qu'ont assez expiées mon exil et mes pleurs.

SAÜL.

Puis-je les oublier, si tu me les rappelles?
Ai-je besoin de toi pour venger mes querelles?
Penses-tu que Saül ne peut vaincre sans toi?
Te crois-tu plus heureux ou plus vaillant que moi?
Ton bras suffirait seul! — Et moi donc? Mon courage
Éclipsé par le tien est-il vaincu par l'âge?
Crois-tu mon sang glacé? crois-tu mon cœur vieilli,
Ma lance sans vigueur ou mon bras amolli?
Jeune présomptueux, dont l'audace commune
S'exalte d'un succès qu'il doit à la fortune!
Va, ce bras qui soutint des fardeaux moins légers,
N'a jamais fait siffler la fronde des bergers,
Mais il saurait encor, malgré sa décadence,
Protéger tout un peuple à l'ombre de ma lance;
Ou si ce bras vieilli demandait un soutien,
Saül en choisirait un plus sûr que le tien.

DAVID.

Dieu sait si j'ai, seigneur, mérité cet outrage.

JONATHAS, à Saül.

Démentez pour jamais cet odieux langage,
Connaissez mieux enfin un héros, un ami,
Un frère...

SAÜL.

Connais mieux ton perfide ennemi,
Sous des traits de vertu cachant les vœux du crime,
Et qui peut-être en toi n'aime... que sa victime.
Crois-tu qu'il vienne ici pour nous prêter son bras?
Il vient pour épier l'heure de ton trépas.
Je sais ce qu'il attend, je vois ce qu'il espère :
Le ciel sur ses desseins trop tard enfin m'éclaire,
Mais peut-être assez tôt, du moins, pour prévenir
Le triomphe sanglant dont il venait jouir.

(A David.)

Va, monstre, dont mes soins ont réchauffé l'enfance,
Tes projets sont connus, va, sors de ma présence,
Fuis, et tant que le jour éclairera mes yeux,
De ton horrible aspect ne souille plus ces lieux!

DAVID.

Ah! c'en est trop, seigneur, prenez, prenez ma vie,
Tranchez ces tristes jours objet de tant d'envie,
Je puis sans murmurer mourir de votre main;
Mais m'éloigner encor? — Vous l'ordonnez en vain.
Je n'irai plus traîner ma honte et mes misères
Loin des yeux de Michol, des tombeaux de mes pères;
Je n'irai plus montrer aux ennemis de Dieu

David errant, proscrit, pleurant loin du saint lieu.
Plutôt, plutôt cent fois, aux pieds de l'arche même,
Arroser de mon sang une terre que j'aime,
Et présentant mon sein sans défense à vos coups,
Prouver mon innocence à tout autre qu'à vous.

SAÜL, brandissant sa lance.

Quoi! tu prétends ici, malgré ton roi, barbare?

JONATHAS, retenant son père.

Que faites-vous, ô roi?

MICHOL.

Quelle fureur l'égare?

JONATHAS, montrant David.

Il tombe à vos genoux sans défense, ah! seigneur,
Au calme de son front, reconnaissez son cœur.

SAÜL, furieux et égaré.

Quoi! tu ne perces pas le masque du perfide?
Quoi! tu n'aperçois pas son glaive parricide?
Son œil cherche le sein que son fer doit percer,
Et s'il hésite encor, c'est pour mieux l'enfoncer.
Le vois-tu? — le vois-tu? — Fuis, le fer étincelle;
Hélas! il est trop tard. — Du sang! — le sang ruisselle! —
Pour monter à ta place au trône qui l'attend,
Il se fait de ton corps un marchepied sanglant.

Ah! d'un monstre du moins — trop tard — purgeons la terre !

(Il se précipite sur David.)

Meurs! assassin du fils, meurs de la main du père!

(Michol et Jonathas font à David un rempart de leur corps. Saül laisse tomber sa lance. Michol entraîne David et Jonathas.)

SAÜL, à Jonathas.

Que vois-je? quoi! c'est vous, c'est vous qui le sauvez?
C'est vous qu'il persécute, et qui le conservez?
Qu'avez-vous fait, oh ciel! trop aveugles victimes?
Qu'un seul coup à la terre eût épargné de crimes!
Mais aussi contre moi mon sang s'est révolté!
Où fuir l'arrêt fatal que les dieux ont porté?

ACTE TROISIÈME

SCÈNE I

JONATHAS, DAVID.

DAVID.

Eh bien, cher Jonathas, que faut-il que j'espère?
Faut-il quitter encore une terre si chère?
Que fait Saül?

JONATHAS.

         Hélas! Saül n'est point changé.
Dans son égarement plus que jamais plongé,
Nos larmes, nos soupirs, nos vœux, rien ne le touche :
Tantôt s'enveloppant d'un silence farouche,
Tantôt en cris fougueux éclatant devant nous,
Il blasphème le ciel ou l'invoque à genoux.
Souvent d'un pas rapide il parcourt sa demeure,
Puis tout à coup s'arrête, et nous regarde, et pleure.
Mais bientôt le courroux de son front sourcilleux,
Même à travers ses pleurs, brille au fond de ses yeux;
Il croit frapper David, il le nomme, il s'élance,
Vingt fois d'un bras trompé perce l'air de sa lance;

Puis enfin, succombant à ce pénible effort,
Il chancelle, il retombe, il soupire, il s'endort.
Quel sommeil agité! quel sinistre nuage
Repose sur son front, obscurcit son visage!
Quel réveil il promet! Ainsi sur le Thabor,
Lorsque dans nos vallons les vents dorment encor,
Les foudres dont le mont environne sa tête
Aux pasteurs effrayés présagent la tempête.

DAVID.

Mais Michol?

JONATHAS.

Michol veille aux genoux de son roi;
Son amour filial a vaincu son effroi;
Renfermée avec lui dans l'ombre de sa tente,
Tantôt elle affermit sa marche chancelante,
Et tantôt, essayant d'apaiser ses fureurs,
Elle baigne ses mains d'un long torrent de pleurs;
Puis, quand un court sommeil assoupit sa paupière,
Soutenant dans ses bras la tête de son père,
Muette, elle retient ses soupirs dans son sein;
Elle attend le réveil et, de sa tendre main
Essuyant de son front la sueur enflammée,
Rafraîchit du vieillard la paupière fermée,
L'écoute, lui sourit, et semble à tous les yeux
Un ange qui pour lui vient de quitter les cieux.

DAVID.

O vertu que j'admire, ô femme que j'adore!
Je ne vous retrouvais que pour vous perdre encore!

Je le vois, il faut fuir. Fuir sans elle! — Oui je doi
Ce dernier sacrifice à mon malheureux roi.

JONATHAS.

Je reconnais David à ce trait magnanime!
Oui, pars, ô mon héros, oui, pars, ami sublime!
Mais trop loin de ce camp ne porte plus tes pas,
Et le jour du péril, compte sur Jonathas.

SCÈNE II

ES PRÉCÉDENTS, ACHIMÉLEC, SUITE DE PRÊTRES ET DE GUERRIERS; MICHOL, sortant des tentes du roi.

ACHIMÉLEC, à David et aux guerriers.

Soldats du Dieu vivant, courez, courez aux armes!

(Au peuple qui le suit.)

Et vous, peuple de Dieu, suspendez vos alarmes.
David est avec vous, malheur aux Philistins!
C'est le bras du héros qui commande aux destins.

LE PEUPLE répète.

David est avec nous, malheur aux Philistins!
C'est le bras du héros qui commande aux destins.

DAVID, à Achimélec.

Parlez, de quel côté faut-il porter ma lance?

ACHIMÉLEC.

Aux tentes d'Éphraïm le Philistin s'avance;
C'est là qu'il faut marcher.

(Aux guerriers.)

Guerriers! suivez ses pas;
David est votre chef et roi dans les combats.

LES GUERRIERS répètent.

C'est là qu'il faut marcher. Guerriers, suivons ses pas,
David est notre chef et roi dans les combats.

DAVID, au peuple.

Arrêtez, suspendez ces clameurs téméraires!
Non, David est ici le dernier de ses frères.

(A Achimélec.)

Et vous, que faites-vous? Seigneur, ignorez-vous
De Saül contre moi l'implacable courroux?
Savez-vous que, proscrit par un arrêt barbare,
Saül du peuple saint pour jamais me sépare,
Et qu'à peine en ces lieux il me reste aujourd'hui
Le droit de le défendre et de mourir pour lui?

ACHIMÉLEC.

Non, je ne connais rien que le Dieu qui m'inspire;
De son ordre suprême il a daigné m'instruire.
Obéissez, seigneur, aux volontés du ciel,
Soyez le bouclier, le glaive d'Israël!

LES GUERRIERS, en chœur.

Que David obéisse aux volontés du ciel !
Qu'il soit le bouclier, le glaive d'Israël !

ACHIMÉLEC.

Déplorant nos malheurs dans des plaintes funèbres,
Cette nuit, du saint lieu j'habitais les ténèbres ;
Une voix m'a parlé : « Prends dans le saint des saints
» Le fer qui du géant jadis arma les mains,
» Quand David, combattant aux champs du Térébinthe,
» De sa main triomphante en orna cette enceinte :
» Que ce glaive fatal devant moi suspendu
» Aujourd'hui par toi-même à David soit rendu ! »
J'obéis, je saisis la redoutable épée
Qui dans le saint éphod était enveloppée ;
L'arche tremble, et ce cri sort de sa profondeur :
« Juda, Juda l'emporte, et David est vainqueur ! »

LE PEUPLE répète.

Juda, Juda l'emporte, et David est vainqueur !

ACHIMÉLEC, présentant l'épée de Goliath à David.

Prenez donc !

DAVID, la refusant.

Non, Saül a seul droit de la prendre,
C'est lui qui devant Dieu jadis la fit suspendre.
Non, Saül est mon roi, je respecte ses droits.

ACHIMÉLEC.

Qu'est-ce qu'un roi, seigneur, devant le Roi des rois?
Obéissez, c'est moi, c'est Dieu qui vous l'ordonne;
Quoi! votre cœur hésite et votre main frissonne!
Quoi! ce que Dieu commande est-il donc un forfait?
C'en est un d'hésiter. Armez-vous.

DAVID, prenant l'épée.

C'en est fait!
Dieu le veut, j'obéis. Devant ta loi suprême,
Seigneur, je fais fléchir jusqu'à ma vertu même.
Marchons! Suivez mes pas, vaillants enfants de Dieu,
Dieu le veut, Dieu le veut!

(A Michol.)

Toi, chère épouse, adieu,
Adieu; je vais guider ce peuple à la victoire,
Je vais du Dieu vivant faire éclater la gloire,
Je vais sauver Saül, et son empire, et toi;
Mais le salut de tous est un crime pour moi.

(Il s'éloigne avec les guerriers.)

ACHIMÉLEC, aux lévites.

Et nous, rendons le ciel à nos armes propice!
Venez, le saint autel attend le sacrifice.
Élevons vers le ciel nos innocentes mains,
Et ne les souillons pas dans le sang des humains.

(Il s'éloigne avec les prêtres.)

SCÈNE III

MICHOL, seule.

Il part... il va combattre et prodiguer sa vie!
Je frémis, et pourtant son sort me fait envie.
Un seul coup peut finir ses malheurs et ses jours,
Et moi, sous mille traits me débattant toujours,
Ainsi qu'une victime à l'autel échappée,
Qui tombe et se relève, et qui, déjà frappée,
Emporte le couteau du sacrificateur :
Ainsi, vivante encor, la mort est dans mon cœur.
D'un Dieu persécuteur la puissance ennemie
Arrache par lambeaux et mon âme et ma vie!
Ici David... ici Saül... mais le voici!
Sa démarche est plus ferme et son front éclairci.

SCÈNE IV

MICHOL, SAÜL.

SAÜL, s'avançant à pas lents sur la scène.

Dieu! quel sommeil pesant accable ma paupière!
Mon sein a besoin d'air, et mes yeux de lumière.

(S'arrêtant comme frappé d'étonnement, et regardant le ciel.)

Mais quoi! ce songe encor trouble-t-il ma raison?
Quoi! déjà le soleil penche vers l'horizon?

Où suis-je? ô ciel! d'où viens-je? et quel épais nuage
Du passé, du présent, me dérobe l'image?

(A Michol).

Ma fille, réponds-moi, qu'ai-je fait si longtemps?
Parle!... Mais tu te tais, tu pleures... Je comprends...
La vérité se montre à mon âme éperdue :
Ah! malheureux vieillard! ta raison s'est perdue!

(Il pleure, les chants du sacrifice voisin et les sons de la harpe se font entendre.)

Qu'entends-je? quels accents! quels sons mélodieux
Accompagnent ma plainte, et montent vers les cieux?
Mon oreille ravie écoute avec délices!
D'où partent-ils?

MICHOL.

Ce sont les chants des sacrifices.

SAÜL, égaré.

Non, c'est David, c'est lui; je reconnais la voix,
La harpe dont les sons me calmaient autrefois.

(A sa fille.)

Pourquoi se cache-t-il? pourquoi me faire attendre
Ces chants libérateurs que j'ai besoin d'entendre?

MICHOL.

David venait, seigneur, vous l'avez repoussé.

SAÜL, étonné.

J'ai repoussé David!... Ah! tout s'est effacé...

Dans la nuit du chaos mon âme est confondue;
Otez-moi ce bandeau qui me couvre la vue.
Pourquoi sitôt, pourquoi ces chants ont-ils cessé?
Ah! généreux David, pourquoi t'ai-je chassé?
Toi seul, tu savais rendre à mon âme épuisée
D'un espoir renaissant la céleste rosée!
Ta harpe m'apaisait, tes sublimes récits
Ramenaient, éclairaient, enflammaient mes esprits;
N'entendrai-je donc plus que des accents funèbres?
D'où me viendra le jour au sein de ces ténèbres?
Qui pourra dissiper ces ombres, ces terreurs?
Qui me rappellera tes chants consolateurs?

(Il retombe dans l'abattement.)

MICHOL.

Que ton souffle descende au sein d'une humble femme,
O Dieu, viens éclairer, viens embraser mon âme!
Rappelle à mon esprit ces sublimes accents
Dont autrefois David entremêlait ses chants.

(La musique des sacrifices se fait entendre de nouveau ; le roi s'assoit
et paraît écouter avec ravissement.)

MICHOL récite avec inspiration les vers suivants :

« Je répandrai mon âme au sein du sanctuaire,
» Seigneur, dans ton nom seul je mettrai mon espoir!
» Mes cris t'éveilleront, et mon humble prière
» S'élèvera vers toi comme l'encens du soir.

» Dans quel abaissement ma gloire s'est perdue!
» J'erre sur la montagne ainsi qu'un passereau,
» Et par tant de rigueurs mon âme confondue,
» Mon âme est devant toi comme un désert sans eau.

» Pour mes fiers ennemis ce deuil est une fête;
» Ils se montrent entre eux ton Christ humilié :
» Le voilà, disent-ils, ses dieux l'ont oublié,
» Et Moloch en passant a secoué sa tête
　　　　» Et souri de pitié. »

　　　　SAÜL, se levant furieux.

Que dis-tu? quoi, Moloch! — Va, je les brave encore;
Où sont ces ennemis que mon glaive dévore?

　　　(On entend de nouveau le son des instruments. Le roi se calme.)

　　　　MICHOL reprend.

« Seigneur, tendez votre arc, levez-vous, jugez-moi,
» Remplissez mon carquois de vos flèches brûlantes;
» Que des hauteurs du ciel vos foudres dévorantes
» Portent sur eux la mort qu'ils conspiraient sur moi.

» Dieu se lève, il s'élance, il abaisse la voûte
» De ces cieux éternels ébranlés sous ses pas;
» Le soleil et la foudre ont éclairé sa route,
» Ses anges devant lui font voler le trépas.

» Le feu de son courroux fait monter la fumée,
» Son éclat a fendu les nuages des cieux,
　　　　» La terre est consumée
　　　　» D'un regard de ses yeux.

　　　　» Il parle : sa voix foudroyante
　　　　» A fait chanceler d'épouvante
» Les cèdres du Liban, les rochers des déserts;
» Le Jourdain montre à nu sa source révérée;
　　　　» De la terre altérée
　　　　» Les os sont découverts.

» Le Seigneur m'a livré la race criminelle
» Des superbes enfants d'Ammon ;
» Levez-vous, ô Saül, et que l'ombre éternelle
» Engloutisse jusqu'à leur nom. »

SAÜL, se levant avec joie.

Me voici, me voici ! Seigneur, venge ta gloire !
C'est ainsi que ta voix m'annonçait la victoire.

(La musique fait entendre des sons belliqueux.)

MICHOL.

« Que vois-je ? vous tremblez, orgueilleux oppresseurs !
» Le héros prend sa lance,
» Il s'agite, il s'élance ;
» A sa seule présence,
» La terreur de ses yeux a passé dans vos cœurs.
» Fuyez ! — Il est trop tard ; — sa redoutable épée
» Décrit autour de vous un cercle menaçant,
» En tous lieux vous poursuit, en tous lieux vous attend,
» Et déjà mille fois de votre sang trempée,
» S'enivre encor de votre sang.

» Son coursier superbe
» Foule comme l'herbe
» Les corps des mourants ;
» Le héros l'excite
» Et le précipite
» A travers les rangs ;
» Les feux l'environnent,
» Les casques résonnent
» Sous ses pieds sanglants ;

SAÜL.

» Devant sa carrière,
» Cette foule altière
» Tombe tout entière
» Sous tes traits brûlants,
» Comme la poussière
» Qu'emportent les vents.

» Où sont ces fiers Ismaélites,
» Les enfants de Moab et la race d'Édom ;
» Iduméens, guerriers d'Ammon,
» Et vous superbes fils de Tyr et de Sidon,
» Et vous cruels Amalécites ?

» Les voilà devant moi comme un fleuve tari,
» Et leur mémoire même avec eux a péri. »

SAÜL, avec transport.

Les voilà devant moi comme un fleuve tari,
Et leur mémoire même avec eux a péri.
C'est Saül! oui, c'est moi! Que ces chants de victoire
Sont doux à mon oreille et chers à ma mémoire!
Que ces jours étaient beaux où le fils d'Isaï
Partageait mon triomphe et le chantait ainsi!
Mais que ces temps sont loin, hélas! et combien l'âge
A depuis énervé ce superbe courage!
Que le fer pour mon bras est un pesant fardeau,
Et que le soir est sombre après un jour si beau!

(La musique se fait entendre avec plus de douceur.)

MICHOL.

« Que de biens le Seigneur m'apprête!
» Qu'il couronne d'honneurs la vieillesse du roi!

» Éphraïm, Manassé, Galaad, sont à moi,
» Jacob, mon bouclier et l'appui de ma tête!
   » Que de biens le Seigneur m'apprête!
» Qu'il couronne d'honneurs la vieillesse du roi!

   » Des bords où l'aurore se lève
   » Aux bords où le soleil achève
   » Son cours tracé par l'Éternel,
» L'opulente Saba, la fertile Éthiopie,
» La riche mer de Tyr, les déserts d'Arabie,
   » Adorent le roi d'Israël.

» Peuples, frappez des mains, le Roi des rois s'avance;
» Il monte, il s'est assis sur son trône éclatant;
» Il pose de Sion l'éternel fondement.
» La montagne frémit de joie et d'espérance.
» Peuples, frappez des mains, le Roi des rois s'avance,
» Il monte, il s'est assis sur son trône éclatant.

   » De sa main pleine de justice
» Il verse aux nations l'abondance et la paix.
» Réjouis-toi, Sion! sous ton ombre propice,
» Ainsi que le palmier qui parfume Cadès,
» La paix et l'équité fleurissent à jamais.
   » De sa main pleine de justice
» Il verse aux nations l'abondance et la paix.

» Dieu chérit de Sion les sacrés tabernacles
   » Plus que les tentes d'Israël;
» Il y fait sa demeure, il y rend ses oracles,
» Il y fait éclater sa gloire et ses miracles;
» Sion! ainsi que Lui, ton nom est immortel.
» Dieu chérit de Sion les sacrés tabernacles
   » Plus que les tentes d'Israël.

» C'est là qu'un jour vaut mieux que mille !
» C'est là qu'environné de la troupe docile
» De ses nombreux enfants, sa gloire et son appui,
» Le roi vieillit, semblable à l'olivier fertile
» Qui voit ses rejetons fleurir autour de lui. »

SAÜL, entièrement calmé.

Que ces accents divins dissipent mes alarmes !
Mon œil se mouille encor : mais quelles douces larmes !
C'est ainsi qu'autrefois David, David mon fils,
Me racontait les biens que Dieu m'avait promis ;
Je crois entendre encor cette harpe sacrée
Accompagnant les sons de sa voix inspirée ;
Plus doux que les soupirs des palmiers du Thabor,
Ces chants autour de moi retentissent encor.
Le calme par degrés succède à ma tristesse ;
Ah ! qu'il revienne encor ranimer ma vieillesse !
Avec lui mon repos, hélas ! s'est envolé,
Ma fille, qu'il revienne et je suis consolé !

(L'on entend des sons brillants, des cris de joie.)

Qu'entends-je ?

MICHOL, avec effroi.

O ciel !

SAÜL.

Mes sens ne me trompent-ils pas ?

LE CHOEUR, en se rapprochant, laisse distinguer ces mots.

« David est notre chef et roi dans les combats ! »

SAÜL.

O perfidie, ô crime! ô monstres exécrables!
Ai-je bien entendu ces voix, ces cris coupables?

LE CHOEUR, plus près encore.

« David nous a sauvés des ombres du trépas,
» David est notre chef et roi dans les combats. »

SAÜL.

David a combattu, David a la victoire!
Je n'en puis plus douter; volons, vengeons ma gloire!

(Il se précipite hors de la scène avec Michol.)

ACTE QUATRIÈME

SCÈNE I

MICHOL.

Dieu! j'en frissonne encor: quels moments! quel courroux!
Quel orage nouveau menaçait mon époux!
Dans les yeux de Saül quel feu sombre et farouche!
Quelle ombre sur son front, quel murmure en sa bouche!
Non, jamais pour David mon cœur plus alarmé...
Mais son cher Jonathas d'un mot l'a désarmé.
Sa colère a passé comme un sombre nuage
Qui passe sur l'Horeb sans y verser l'orage:
O généreux enfant, aimable Jonathas,
Le ciel de mon bonheur ne te paîra-t-il pas?

(Elle aperçoit Saül et Jonathas.)

Mais les voici! Saül avec son fils s'avance:
David est seul. Allons jouir de sa présence.

SCÈNE II

SAÜL, JONATHAS.

SAÜL.

Qu'il m'est doux de revoir, de serrer dans mes bras
Mon fils victorieux dans ses premiers combats!
Que j'aime à voir ce sang rougir tes jeunes armes!
Que la gloire à ton front ajoute encor de charmes!
Tu seras de Saül l'héritier et l'égal,
Et Saül en toi seul aime à voir son rival.

JONATHAS.

Ah! seigneur, d'un enfant exaltez moins la gloire;
La gloire est à David ainsi que la victoire!
David seul a tout fait, et je n'ai mérité
Que l'éloge assez beau de l'avoir imité.

SAÜL.

Que d'éclat me promet l'aurore de ta vie!
Que j'aime ta noblesse et cette modestie
Qui renvoie à David l'honneur de tes succès!
Mais pour le seul David je la vois à regrets.

JONATHAS.

Pourquoi contre David nourrir cette injustice?
De votre haine enfin faites le sacrifice;

O roi, c'est le seul prix que demande aujourd'hui
Un fils victorieux qui vous parle pour lui.

SAÜL.

Et n'est-ce pas assez de t'accorder sa grâce?
Faut-il que de mon cœur tout souvenir s'efface,
Que je livre en aveugle au rival de son roi
Et mon trône, et mon peuple, et mes enfants et moi?
Que, courant à ma perte et fuyant la lumière,
J'éteigne le flambeau dont l'avenir m'éclaire,
Et que, dans mon repos follement endormi,
Je m'éveille au pouvoir d'un perfide ennemi?

JONATHAS.

David notre ennemi! lui qui nous sacrifie,
Seigneur, aujourd'hui même et son sang et sa vie?

SAÜL.

Que ne peux-tu, mon fils, porter des yeux plus sûrs
Dans le cœur des humains, dans ses replis obscurs,
Sur leurs desseins cachés répandre la lumière!
Ta jeunesse est crédule autant qu'elle est sincère;
Tu ne peux soupçonner, déjouer ni prévoir
Des noirceurs que ton cœur ne saurait concevoir.
Mais moi qui les connus, moi qui, mûri par l'âge,
Lis au cœur des mortels plus que sur leur visage,
Je sais les deviner, je sais leur arracher
Le voile où leurs projets cherchent à se cacher.
Je les suis pas à pas dans le sentier perfide
Où la fourbe les couvre, où l'intérêt les guide;
Je sais ôter le masque à leurs feintes vertus,

Et pour moi l'héroïsme est un piége de plus.
Écoute, Jonathas, veux-tu régner?

JONATHAS.

Sans doute,
Seigneur, si j'en suis digne et m'en ouvre la route;
Simple enfant d'Israël ou successeur du roi,
Je veux ce que le ciel lui-même veut pour moi.
Mais je ne veux jamais par des soupçons injustes
M'assurer le chemin de mes destins augustes;
Aux volontés du ciel aveuglément soumis,
Le trône m'appartient si Dieu me l'a promis.

SAÜL.

Dieu le donne, mon fils; mais il faut le défendre.
La prudence te parle, il est temps de l'entendre,
Et ne l'entends-tu pas te dire ainsi que moi :
David, que David meure, ou David sera roi?

JONATHAS.

Et n'entendez-vous pas une autre voix vous-même
Vous crier : C'est David que j'ai choisi, que j'aime;
C'est moi qui le protége et qui guide ses pas;
Chacun de ses exploits ne le prouve-t-il pas?
N'avez-vous pas senti vous-même, à son approche,
S'évanouir le doute, expirer le reproche?
Et, prêt à le frapper, ne vous ai-je pas vu
Sans colère à ses pieds retomber confondu?

SAÜL.

Hélas! il est trop vrai; je ne sais quel empire
Exerce ce David que je crains, que j'admire!

Sitôt que je le vis dans les champs de Jabès,
Il plut à mes regards, mais à mon cœur jamais.
Depuis ce temps, sans cesse à moi-même contraire,
Je me cherche, et je suis pour moi-même un mystère.
J'ai vu flotter sur lui mes vœux et mes desseins :
Absent je le regrette, et présent je le crains.
Il semble qu'une main invisible et bizarre
Toujours vers lui m'attire et toujours m'en sépare;
Mon cœur, quand je le hais, est près de le chérir,
Mon cœur, lorsque je l'aime, est prompt à le haïr.
Incroyable ascendant! repoussement funeste!
Égarement de l'homme ou vengeance céleste!
Je ne sais; mais du moins je vois trop clairement
Que des prêtres cruels David est l'instrument,
Que dès longtemps, mon fils, ces prêtres me haïssent,
Qu'à l'ombre de l'autel leurs complots me trahissent,
Qu'ils menacent du ciel un vieillard malheureux
Qui ne voulut pas être aussi barbare qu'eux.
Mais David leur est cher : David, dès sa jeunesse,
Du vieillard de Rama cultiva la tendresse;
Samuël, qui l'aimait, expira dans ses bras;
On dit qu'il lui promit mon trône et mes États;
On dit plus, oui, l'on dit que la main du prophète
Versa l'huile des rois sur sa coupable tête;
S'il était vrai, mon fils?

JONATHAS.

S'il était vrai, seigneur,
Qui pourrait à David disputer cet honneur?
Moi seul, sans doute, moi qui, né pour la couronne,
Ai seul droit, après vous, de monter sur ce trône;
Moi seul pourrais m'en plaindre et le lui disputer;
Mais aux ordres du ciel, bien loin de résister,

Bien loin d'être jaloux de cet honneur insigne,
Je le lui céderais s'il en était plus digne.
Plus David sera grand, plus il me sera cher!
Respectons les secrets que Dieu veut nous cacher,
Et, résignés d'avance au sort qu'il nous prépare,
Attendons que sur nous l'avenir le déclare.

SAÜL.

Apprends donc, malheureux, apprends donc à quel prix
Le sceptre de Jacob à David est promis!
C'est au prix de mon sang, de celui de ta race,
Qu'il doit monter au trône et régner à ta place.
Ton sang, ton propre sang doit un jour cimenter
Cette grandeur fatale où Dieu veut le porter;
Voilà de Jéhovah la secrète promesse,
Et voilà quels destins te garde sa tendresse!

JONATHAS.

Eh bien, si Dieu le veut, seigneur, que pouvons-nous?
Est-il un bouclier qui sauve de ses coups?
Les menaces de l'homme et sa vaine prudence
Ne peuvent de ce Dieu ralentir la vengeance.
Elle gronde, elle éclate, elle abat l'orgueilleux
Qui se débat contre elle en insultant aux cieux;
Et sur les fronts courbés la divine colère
Passe, sans les briser, plus douce et plus légère.

SCÈNE III

SAÜL, JONATHAS, MICHOL, DAVID, ACHIMELEC, ABNER.

DAVID, à Saül.

Soumis sans murmurer aux ordres de mon roi,
Je retourne au désert; seigneur, bénissez-moi!
Ramené dans ce camp par une main divine,
J'ai du peuple de Dieu prévenu la ruine :
Le péril est passé, je m'éloigne, seigneur,
Et j'attends que le ciel ait changé votre cœur.

SAÜL.

Quoi! le héros du peuple aujourd'hui l'abandonne!
Quoi! tu pars, ô mon fils; et qui donc te l'ordonne?

DAVID.

Et quel autre que vous pourrait...?

SAÜL.

       Va, je t'entends;
Mais si je l'ordonnai, déjà je m'en repens.
Sais-je ce que je veux? sais-je ce que j'ordonne?
Puis-je percer jamais la nuit qui m'environne?
Un Dieu plus fort que moi, s'agitant dans mon sein,
Me fait changer cent fois de vœux et de dessein.

Et les flots du Cédron ballottés par l'orage,
Du trouble de mon cœur sont à peine l'image ;
Mais ton aspect me calme et me rend la raison.
Réponds-moi, cher David, aimes-tu ma maison?

DAVID.

Jonathas m'est plus cher que le jour qui m'éclaire,
Michol est mon épouse, et vous fûtes mon père,
Quels garants plus certains attendez-vous de moi?

SAÜL.

Il est vrai ; cependant tu n'estimes que toi !
Devant toi tout pâlit, devant toi tout s'efface,
Et par-dessus Saül tu t'es choisi ta place.

DAVID.

Je ne m'exalte point, je suis dans Israël
Le second après vous, et rien devant le ciel.

SAÜL.

Le ciel ! toujours le ciel et Dieu sont dans sa bouche !

ABNER, bas à Saül.

Il affecte à dessein ce langage farouche.

SAÜL.

Mais tu n'ignores pas que ses prêtres cruels
M'ont de ce Dieu terrible interdit les autels,

Que pour lui mon encens est un encens profane,
Que sa main me poursuit, que sa voix me condamne,
Et que, se repentant de m'avoir élu roi,
Il n'est rien de commun entre ton ciel et moi.
Pourquoi, si tu le sais, me tiens-tu ce langage?
Est-ce pour m'outrager?

DAVID.

C'est pour lui rendre hommage.
Et pourquoi pensez-vous que, déjà condamné,
Le Dieu qui vous choisit vous ait abandonné?
Il répond à toute heure au cœur qui s'humilie,
Et n'oublia jamais que l'ingrat qui l'oublie.
C'est lui qui, dès Jabès vous prenant par la main,
Du trône, encore enfant, vous ouvrit le chemin;
C'est lui qui, confondant l'errant Amalécite,
Jusqu'aux déserts de Sûr précipita sa fuite;
C'est lui qui, soumettant l'Idumée à vos lois,
Jugera votre cause une seconde fois,
Si votre cœur, fidèle à sa reconnaissance,
En lui, mais en lui seul, fonde son espérance.

SAÜL, égaré.

Qui parle au nom de Dieu?... Quel pontife inspiré
Ose tenir ici ce langage sacré?

(Il cherche David sans le voir.)

Fils de Melchisédech, approche, que je voie
Cet autre Samuel que le ciel me renvoie!
Pour me parler ainsi, réponds-moi, quel es-tu?
Du redoutable éphod es-tu donc revêtu?

(Il reconnaît David.)

Mais non!... par ses discours mon âme était trompée!
Je vois briller sur lui la cuirasse et l'épée;
C'est David!... et pourtant je ne reconnais pas
Ce fer dont, ce matin, j'avais armé son bras.

(Il prend l'épée de Goliath.)

Quel est ce glaive?

MICHO..

O ciel!

DAVID.

C'est la dépouille sainte
Que ma fronde a conquise au champ du térébinthe,
Ce fer que sur mon front le géant philistin
Comme un éclair de mort fit briller dans sa main,
Mais qui, tombant bientôt de sa main égarée,
Lui donna cette mort qu'il m'avait préparée.

SAÜL.

Qu'entends-je? Eh quoi! ce fer consacré par mes mains
Ne fut-il pas soustrait aux regards des humains,
Et, pour rendre à Dieu seul l'honneur de ce miracle,
Suspendu devant lui dans le saint tabernacle?
Moi seul n'avais-je pas le droit de le toucher?
Parle!

DAVID.

Il est vrai.

SAÜL.

Qui donc osa l'en arracher?
Qui viola du roi la défense suprême?

DAVID.

Moi seul.

SAÜL.

Et dans quel temps, perfide?

DAVID.

Aujourd'hui même.
L'ordre du Dieu vivant dans mes mains l'a remis;
Voyez, il fume encor du sang des ennemis!
Le sang dont il est teint, seigneur, me justifie;
Le voici! Jugez-moi, je vous livre ma vie.

(David lui remet l'épée de Goliath.)

SAÜL, saisissant l'épée.

Ton crime t'a jugé. Va, ce trait odieux
Fait tomber à la fin le bandeau de mes yeux.
Perfide, je rends grâce au forfait qui m'éclaire,
Et m'a de tes complots révélé le mystère.
Il en est temps encor : tu n'es pas encor roi!
En vain tu t'élevais dans l'ombre contre moi,
En vain, pour t'enhardir à toucher la couronne,
Ton audace usurpait les droits sacrés du trône;

Tiens, monstre, avec tes jours tes complots sont finis!
Dieu les a confondus : ce bras les a punis.

(Saül lève l'épée sur David ; le grand prêtre se jette entre eux.)

ACHIMÉLEC.

Que faites-vous, Saül? Arrêtez!

JONATHAS.

O mon père!

MICHOL.

Il n'a pas mérité cette injuste colère.

SAÜL.

Qui me retient? Tremblez!

MICHOL.

O mon père, ô mon roi,
Nous périrons plutôt!

JONATHAS.

Frappez-nous!

ACHIMÉLEC.

Frappe-moi!
David est innocent, j'ai pris sur moi le crime.
Le ciel fut mon complice, et voilà ta victime!

(Il présente sa poitrine à Saül.)

Frappe donc! C'est par moi que tu dois commencer.

SAÜL, cherchant à atteindre David.

Non, c'est un sang moins vil que ma main doit verser.

ACHIMÉLEC, inspiré.

Peux-tu frapper celui que le ciel veut défendre?
Sais-tu, sais-tu quel sang tu brûles de répandre?

SAÜL.

C'est le sang criminel d'un traître comme toi!

ACHIMÉLEC.

C'est le sang innocent d'un héros... et d'un roi!

SAÜL.

D'un roi!

ACHIMÉLEC, d'un accent prophétique.

Du plus grand roi que la terre, charmée,
Ait vu régner jamais sur l'heureuse Idumée;
D'un roi sage, modeste, humain, chéri des cieux,
De tous ses ennemis toujours victorieux,
Qui brisera bientôt de ses mains triomphantes
Le joug humiliant des tribus gémissantes,
Délivrera Jacob, affranchira Juda,
Remplira les déserts du nom de Jéhova,

Fondera sur Sion sa demeure éternelle,
Et qui verra de loin de sa race immortelle
Les sacrés rejetons, germant dans l'avenir,
Enfanter dans les temps Celui qui doit venir!

ABNER.

Quelle audace!

SAÜL, avec terreur, en regardant David.

Est-ce un Dieu?

JONATHAS.

Quel éclat sur sa tête!

ABNER.

Quoi, tu ne trembles pas, téméraire prophète?

ACHIMÉLEC.

Moi trembler! — devant qui? Va, malheureux vieillard,
Je te plains. Je voudrais... Hélas! il est trop tard!
Saül est rejeté, sa race est retranchée;
De ce tronc réprouvé la tige est desséchée.
Fonds en pleurs, Benjamin; Juda, réjouis-toi:
C'est de ton sein que sort ton salut et mon roi!
Israël le bénit, l'univers le contemple,
Il règne, il est des rois la terreur et l'exemple,
Son sceptre réjouit les heureuses tribus,
Les îles et Saba lui portent leurs tributs,
C'est un astre nouveau que l'univers adore :

A sa vive clarté, venez, accourez tous,
Peuples de l'aquilon, nations de l'aurore;
Et vous, rois étrangers, de sa grandeur jaloux,
Et vous, fils de Sion, venez, prosternez-vous,
Poussez des cris de joie et des chants de victoire:
Voici l'élu de Dieu, voici le Roi de gloire!
            Tombez à ses genoux!

(Achimélec montre David et se prosterne lui-même.)

JONATHAS, frappé de respect.

Tombons à ses genoux!

MICHOL.

C'est un Dieu qui l'ordonne!

DAVID, voulant les relever.

Que faites-vous?

ABNER, sans fléchir.

Jamais!

SAÜL, épouvanté.

            Ma force m'abandonne!
Heureux fils d'Isaï, tu l'emportes sur moi!
Je suis vaincu, je tombe à tes pieds.

DAVID.

            O mon roi,
Quoi! vous pourriez...?

SAÜL.

Un Dieu me force à reconnaître
Dans mon heureux rival mon vainqueur et mon maître !
Malgré ma haine, un Dieu me force à l'adorer.

DAVID.

A quel abaissement...?

SAÜL, prosterné.

Laisse-moi t'implorer.
Je m'abaisse et voudrais m'abaisser plus encore ;
Mais ce n'est pas pour moi que ma bouche t'implore !
Avant que de te voir au trône qui t'attend,
Pour le défendre en roi, j'aurai versé mon sang !
Mais le ciel est plus fort que tout mon vain courage,
Et ce spectre sanglant sera ton héritage.
Tu régneras. Au moins, sur ma ruine assis,
En remplaçant le père, épargne au moins le fils.
Ne verse pas le sang de toute ma famille,
Épargne Jonathas, prends pitié de ma fille !
Souviens-toi, dans les jours de la prospérité,
Que je te recueillis dans ton adversité,
Que si Dieu t'a choisi, c'est moi dont la tendresse
A d'un rival trop cher réchauffé la jeunesse,
Que tu fus entouré de toute ma faveur,
Que ma longue amitié prépara ta grandeur,
Que, pouvant me venger, ma main tremble et s'arrête...
Et qu'à ce moment même où la voix du prophète
M'avertit que je tombe et que tu vas régner,
Maître encor de tes jours, j'ai pu les épargner.

Va, délivre mes yeux d'une vue importune,
Va, loin de mes malheurs, attendre ta fortune !
Hâte-toi, fuis, épargne un crime au désespoir !
Je puis plus aisément t'épargner que te voir.

(David se retire avec Michol.)

SCÈNE IV

SAÜL, ACHIMÉLEC, JONATHAS, ABNER.

SAÜL.

Vous qui me poursuivez avec tant d'injustice,
N'êtes-vous pas contents d'un si grand sacrifice ?
Dieu, prêtres dont la voix a vaincu mon courroux,
Me serez-vous enfin plus cléments et plus doux ?

(Moment de silence.)

Non, leur haine est sacrée, et rien ne la surmonte !
Je tomberai toujours, mais avec plus de honte.
O lâche ! qu'ai-je fait ? j'ai pu m'humilier
Devant mon ennemi jusqu'à le supplier !
J'ai tremblé lâchement aux vains accents d'un traître !
J'ai fléchi devant lui, moi Saül, moi son maître !
Ah ! j'aurais dû frapper, j'aurais dû dans son sein
Plonger ce fer vengeur échappé de ma main,
Prévenir et punir le crime par le crime,
Rassasier mes yeux du sang de ma victime,
Et, d'avance vengeant et ma chute et ma mort,
Lutter contre le ciel et mériter mon sort.

(En apercevant le grand prêtre.)

Mais quoi! je vois encor cet insolent prophète!

(A Achimélec.)

C'est toi qui conjuras les destins sur ma tête!
C'est toi, monstre sacré, dont l'infernale voix
Place au front d'un brigand la couronne des rois!
Vengeons-nous!...

ACHIMÉLEC.

Et sur qui? Je ne suis que l'organe
Du Dieu qui le choisit, du Dieu qui te condamne.

SAÜL.

Tout ce que veut un fourbe, un Dieu l'a révélé!

ACHIMÉLEC.

Un Dieu plus fort que moi par ma bouche a parlé.

SAÜL.

Que ce Dieu, s'il se peut, sauve donc son oracle!

ACHIMÉLEC.

Le ciel ne fait jamais d'inutile miracle :
Il a su pour David tromper votre courroux;
Je ne suis plus qu'un homme, il m'abandonne à vous.

SAÜL, à Abner.

Qu'on le mène à la mort, qu'il n'avait pas prévue!

(A Achimélec.)

Ton heure avant la mienne au moins sera venue.

(On entraîne le grand prêtre.)

ACHIMÉLEC, en s'éloignant.

C'en est fait! il manquait ce comble à tes forfaits.
Ah! malheureux vieillard, que tu me suis de près!

SCÈNE V

SAÜL, MICHOL, JONATHAS.

JONATHAS, aux genoux de Saül.

O mon père!

MICHOL.

Épargnez cette auguste victime!

JONATHAS.

Ne souillez pas vos mains!...

MICHOL.

Mourez du moins sans crime.

SAÜL.

Non, j'ai trop écouté vos timides clameurs,
Tous ceux que vous sauvez seront vos oppresseurs;

Un Dieu jaloux de moi vous pousse et vous inspire,
Et pour ma perte aussi mon propre sang conspire.
Laissez-moi !

JONATHAS.

Non !

SAÜL.

Tremblez !

MICHOL.

Ah ! que votre courroux
Épargne le grand prêtre et retombe sur nous !

SAÜL.

Par votre aveuglement ma fureur se ranime.

JONATHAS.

Quel crime aux yeux du ciel !

SAÜL.

Eh bien ! justice ou crime
Que m'importe ? et que font aux aveugles destins
Les malheurs, les vertus, les crimes des humains ?
De trente ans de vertus quelle est la récompense ?
Que m'est-il revenu de ma longue innocence ?
Quel est ce Dieu vengeur dont vous parlez toujours ?
Il vous perd, et d'un monstre il protége les jours.

Il le conduit au trône, il vous fait sa victime,
Et s'il a des faveurs, ce n'est que pour le crime.
S'il les met à ce prix, je les veux mériter.
Ne pouvant le fléchir, je le veux imiter :
Je prends, ainsi que lui, ma haine pour justice,
Et de tous mes forfaits je le fais le complice.

JONATHAS.

Par un blasphème, ô ciel! n'éveillez pas son bras.
Craignez!...

SAÜL.

Va, je le hais, mais je ne le crains pas.

SCÈNE VI

SAÜL, JONATHAS, MICHOL, ABNER.

ABNER, à Saül.

Il n'est plus, dans son sang j'ai lavé votre injure.

JONATHAS.

O crime!

ABNER, à Jonathas.

Ainsi que vous ce vil peuple en murmure.

JONATHAS, à Abner.

Puisse ce sang sacré retomber tout sur toi!

SAÜL, à ses enfants.

Je le sens qui retombe et sur vous et sur moi;
Mais mon glaive, altéré de ce sang que j'abhorre,
S'il n'était répandu le verserait encore.

(A Abner.)

Laissons aux faibles cœurs la crainte et le remord,
Nous, bravons-les, Abner, allons tenter le sort,
Rassemblons nos guerriers : que le silence et l'ombre
Aux yeux des Philistins cachent leur petit nombre;
Marchons, terrassons-les, et noyons pour jamais
Dans les flots de leur sang ma honte et mes forfaits.
Va!

ABNER, s'éloignant.

J'obéis, seigneur.

SCÈNE VII

SAUL, MICHOL, JONATHAS.

SAÜL, à Jonathas.

Toi, donne-moi mes armes;
Suis-moi; laisse à ta sœur les terreurs et les larmes!

Sois digne de Saül, sois digne de ton rang :
Viens chercher, viens braver le sort qui nous attend.
Ah! dans ce cœur vieilli je sens de mon jeune âge
Renaître en cet instant l'audace et le courage;
Le désespoir enfin rend la force à mon bras :
Mon cœur frémit de joie au signal des combats.
Je vois des flots de sang, j'entends, j'entends d'avance
Les vains cris des mourants renversés par ma lance.
Quel plaisir! Qu'il est beau pour un simple mortel
De combattre à la fois les hommes et le ciel!

(Il sort en disant ces mots, Michol et Jonathas le suivent.)

ACTE CINQUIÈME

SCÈNE I

(La scène représente le camp de Saül dans le désordre d'un champ de bataille : des tentes renversées, des armes éparses çà et là. — L'arche entourée de lévites effrayés. — Michol arrive éperdue sur la scène, suivie des prêtres, des femmes. — Il est nuit.

MICHOL, PRÊTRES, LÉVITES, FEMMES.

MICHOL, aux prêtres et aux femmes qui la suivent.

Ah! suivez-moi! rentrons dans cette auguste enceinte,
Et périssons du moins aux pieds de l'arche sainte!

(Elle jette les yeux sur les débris du camp.)

Mais que vois-je? O douleur! jusqu'en ce lieu sacré
Le Philistin vainqueur a déjà pénétré,
Et, repoussé trop tard par notre vain courage,
Il a rempli le camp des traces du carnage.

UN PRÊTRE.

Nuit suprême! aux fureurs d'un ennemi cruel
Verras-tu donc livrer les restes d'Israël?

UNE ISRAÉLITE.

Ah! fuyons!

UNE AUTRE.

Mais où fuir?

MICHOL.

La mort nous environne,
Sous les pas des guerriers la terre au loin résonne;
Le bruit approche, oh ciel! il redouble : écoutez!

UNE ISRAÉLITE.

C'est le pas des coursiers dans la plaine emportés.

MICHOL, s'approchant de la forêt pour écouter.

Ce sont des cris plaintifs, des voix, des sons funèbres
Roulant comme la foudre au milieu des ténèbres, —
Le sifflement des traits, — la fuite des coursiers, —
Le roulement des chars, — le choc des boucliers; —
De tous ces bruits confus s'élève un bruit immense. —
Écoutons. Mais tout meurt dans un vaste silence.

UNE ISRAÉLITE.

Ah! l'un des deux partis à l'autre aura cédé!

MICHOL.

Doute affreux!

UN PRÊTRE.

Dieu vengeur, qu'as-tu donc décidé?

MICHOL, écoutant de nouveau.

Quel tumulte nouveau! quelle tempête horrible
Se réveille et m'annonce un combat plus terrible?
Écoutez, regardez! le fer frappe le fer.
Des boucliers brisés sort un livide éclair.
Voyez, à chaque coup, comme dans la nuit sombre
Leur lance, en traits de feu, se dessine dans l'ombre!
Approchez, entendez ce long cri des mourants,
Ce sont peut-être, hélas! nos frères expirants!
C'est peut-être Saül ou Jonathas mon frère,
Qui nomme encor David à son heure dernière.

UN PRÊTRE.

Ah! généreux enfant, malheureux Jonathas,
David à ton secours ne volera donc pas?

MICHOL.

Non, pour perdre Israël, la vengeance céleste
Éloigne ce héros dans cette nuit funeste;
Menacé par Saül, j'ignore dans quel lieu
Le retient loin de nous la colère de Dieu.

UNE ISRAÉLITE.

Silence! d'un guerrier j'entends les pas rapides;
Du côté d'Engaddi, par ces sommets arides,
Il gravit la montagne et s'avance vers nous.

MICHOL.

Ah! si c'était David!

SCÈNE II

LES PRÉCÉDENTS; DAVID, armé, se précipite vers Michol, qu'il a entendue.

DAVID.

C'est lui, c'est ton époux!

MICHOL.

Sa voix seule à mon cœur a rendu l'espérance.

DAVID.

J'ai prévu vos périls, je vole à ta défense.
A peine avais-je atteint mon asile écarté
Et confié mes pas à son obscurité,
Que le bruit renaissant de l'ardente mêlée
S'élève et vient frapper mon oreille troublée :
J'écoute, et du côté où s'élève le bruit
Je dirige au hasard ma course dans la nuit.
Tremblant de m'égarer, la main de Dieu, sans doute,
A travers les périls a dirigé ma route;
Où sont les ennemis? Où combat Jonathas?
En est-il temps encor? Parlez, guidez mes pas.

MICHOL.

Les Philistins du camp ont forcé la muraille,
Et tout le Gelboé n'est qu'un champ de bataille.
Le combat est partout : le succès, balancé,
D'un parti dans un autre a maintes fois passé;
On se cherche, on se mêle, on frappe, et la nuit sombre
Cache encor nos destins dans l'horreur de son ombre.

DAVID.

Eh bien! que Dieu me guide au plus fort du danger!
Je vais sauver son peuple ou je vais le venger :
Adieu, chère Michol, adieu! Si je succombe,
Puisse le ciel au moins nous unir dans la tombe!

SCÈNE III

MICHOL, SUITE, PRÊTRES, FEMMES, LÉVITES.

MICHOL, suivant des yeux David.

C'en est fait! il s'éloigne, il s'élance aux combats,
Hélas! je n'entends plus que le bruit de ses pas.
Que n'ai-je pu le suivre au gré de mon envie!
Mourir du même coup qui tranchera sa vie!
Ah! quand le reverrai-je? En quel état, grands dieux!
Sanglant, percé de coups, peut-être qu'à mes yeux,
A côté de Saül, à côté de mon frère,
Le jour le montrera couché sur la poussière...

Ah! fuis, nuit éternelle, et vous, ombres sans fin,
Tombez, et d'un seul coup montrez-moi mon destin.

UNE ISRAÉLITE.

Le bruit approche : oh! ciel! fuyons, chères compagnes.

UNE AUTRE.

Cherchons un autre asile au sommet des montagnes.

MICHOL.

Si j'ai perdu David, que m'importe mon sort?
J'irai, j'irai moi-même au-devant de la mort.

UN PRÊTRE, à Michol.

Pour Saül et pour lui, vivez, vivez encore,
Attendons en priant le retour de l'aurore.
Espérons en David, en Jonathas, en Dieu!

UNE ISRAÉLITE.

Tremblons! — J'entends des voix. — Des guerriers vers ce lieu
S'avancent! — Ah! fuyons la mort ou l'esclavage.

UN PRÊTRE.

Montons vers les rochers. — Dans cet antre sauvage
Cachons l'arche sacrée. — Et nous, dans ces forêts
Dispersons-nous. — Cherchons des abris plus secrets.

(Les lévites emportent l'arche : la foule suit.)

UNE ISRAÉLITE, en s'éloignant

O sacré tabernacle! ô dernière espérance!

UNE AUTRE.

O saint temple, qu'un Dieu remplit de sa présence,
Au pouvoir de Moloch vas-tu tomber aussi?

UNE AUTRE.

Ah! périssons plutôt!

MICHOL, entendant les pas des guerriers.

Silence! les voici!
La nuit à mes regards dérobe encor leur nombre,
Hâtons-nous, et sans bruit enfonçons-nous dans l'ombre.

(Ils disparaissent tous.)

SCÈNE IV

JONATHAS, ESDRAS.

(Jonathas blessé, soutenu par son écuyer, entre par le côté opposé à la scène.)

JONATHAS, avançant avec peine.

Où sommes-nous, Esdras? où conduis-tu mes pas?
Laisse-moi! — Tous tes soins ne me sauveront pas!

Mon sang coule à longs flots! — Mes yeux s'appesantissent,
Et mes genoux sans force à chaque pas fléchissent.

ESDRAS, s'efforçant de le conduire plus loin.

Rappelez, ô mon fils, un reste de chaleur!
Ne tombez pas vivant dans les mains du vainqueur!
Encore quelques pas!

JONATHAS, essayant en vain de marcher.

Ma force m'abandonne;
Sous la main du trépas mon cœur serré frissonne :
C'en est fait! je succombe!
(Il se laisse tomber au pied d'un sycomore.)

ESDRAS, désespéré.

O mortelle douleur!
Il tombe! et je n'ai pu prévenir son malheur,
A mon maître expirant donner des soins utiles,
Ni d'un fardeau si cher charger mes bras débiles!
Ah! malheureux vieillard! loin de le secourir,
Hélas! à ses côtés tu ne peux que mourir.

JONATHAS, avec effort.

Écoute, cher Esdras, ma dernière prière :
Si cette nuit fatale... épargne au moins mon père,
Raconte-lui ma mort; dis-lui que Jonathas
N'est pas tombé sans gloire en ses premiers combats.
Dis-lui que pour David j'implore sa clémence,
Que le Seigneur sur moi venge son innocence,
Que je meurs sans me plaindre, et qu'en le bénissant,
Pour son peuple et pour lui j'ai versé tout mon sang!

ESDRAS, *baigné de larmes.*

Quoi! je verrais mourir celui que j'ai vu naître!
Ai-je donc tant vécu pour survivre à mon maître?
O douleur! — Mais le ciel peut prolonger vos jours.
Si l'aurore vers nous ramenait du secours?
Si quelque fugitif, aidant mon bras débile,
Vous portait avec moi vers un plus sûr asile?
J'écoute. — Mais partout un silence de mort!...

JONATHAS.

Va! je n'attends plus rien des hommes ni du sort :
Si seulement, ah! Dieu! si je pouvais encore
Étancher d'un peu d'eau la soif qui me dévore!

ESDRAS, *parcourant la scène.*

Hélas! j'en cherche en vain. Dans ces arides lieux,
Nulle fontaine, ô ciel! ne réjouit mes yeux;
D'aucune source au loin je n'entends le murmure;
Pas une goutte d'eau sur la pâle verdure!

JONATHAS.

Eh bien! tiens, prends mon casque, et là, dans le vallon,
Descends, et remplis-le des ondes du Cédron.

ESDRAS, *prenant le casque et s'éloignant.*

Faut-il le laisser seul! O tardive vieillesse!
O Dieu! rends à mes pas la force et la vitesse.

SCÈNE V

JONATHAS, seul.

Dérobez-moi, Seigneur, aux yeux des Philistins!
Ne laissez pas tomber mes restes dans leurs mains;
Ne livrez pas mes os à la terre étrangère;
Laissez au moins ma cendre à mon malheureux père!
Mon père! Ah! qu'ai-je dit? Dans ce moment, hélas!
Il tombe, il meurt peut-être en nommant Jonathas!
Où donc était David? — Michol, sœur adorée,
Combien tu pleureras ma mort prématurée!...
Le Seigneur l'a voulu! béni soit le Seigneur!
Esdras!... Il ne vient pas... une molle langueur
Efface par degrés ma mémoire et mes peines;
Un calme inattendu se répand dans mes veines;
Mes yeux appesantis succombent au sommeil.
Esdras viendra trop tard... Seigneur!... sois mon réveil!

(Il s'endort étendu au pied de l'arbre.)

SCÈNE VI

JONATHAS, endormi; SAUL, fugitif, arrive lentement sur la scène sans voir son fils.

SAÜL.

Où fuir?... où retrouver dans ces ombres funestes
De mes guerriers détruits les déplorables restes?

Sous le fer ennemi sont-ils donc tombés tous?
Et moi qui les bravais, seul j'échappe à leurs coups!...

(Il cherche à reconnaître le lieu où il se trouve.)

Où suis-je?... C'est le camp : voici ces mêmes tentes,
Muettes maintenant, naguère si bruyantes !...
Peuple qu'entre mes mains le ciel avait remis,
C'est donc là ce retour que je t'avais promis?
Qu'un moment a changé ton héros et ton maître!
D'une heure à l'autre, hélas! qui peut le reconnaître?
Où sont tous tes enfants, dont les cris belliqueux
Réjouissaient mon camp?—Je te reviens sans eux!
Seul je vis!—et le ciel, constant à me poursuivre,
M'arrache le triomphe et me condamne à vivre!
Et je vivrais!—ô honte!— et je viendrais m'offrir
A la pitié d'un peuple ardent à m'avilir?
A l'orgueilleux dédain des fils du sanctuaire?
Lâches qu'enhardirait l'excès de ma misère,
Et qui, sur mes malheurs mesurant leur affront,
D'un reste de bandeau dépouilleraient mon front!
Non, non; plutôt cent fois de ma main forcenée,
Moi-même, en roi du moins, faire ma destinée;
Et puisque Dieu l'emporte, et qu'il est le plus fort,
Chercher contre sa haine un abri dans la mort!

(Il tire son épée.)

Frappons!—Mais Jonathas peut-être vit encore!
Faut-il l'abandonner au rival qui l'abhorre?
Comment ce faible enfant, de traîtres entouré,
Sortirait-il du piége à ses pas préparé?
Que recueillera-t-il de mon triste héritage?
Un trône s'écroulant, la honte et l'esclavage!
Non, non; bravons pour lui les derniers coups du sort!
Vivons, puisqu'il le faut pour prévenir sa mort!

SAÜL.

Malgré le ciel, encor conservons l'espérance !
Aux destins, jusqu'au bout, opposons ma constance ;
Et s'il me faut tomber, eh bien ! tombant en roi,
Que toute ma maison s'engloutisse avec moi !

(Saül cherche une issue, et s'approche du sycomore au pied duquel son fils est étendu et endormi.)

—Mais où porter mes pas ?—où le chercher ?—L'aurore
Sur ces sommets sanglants ne brille point encore :
Qui sait si ses rayons ne me montreront pas
Parmi des morts...? Grand Dieu, sauve au moins Jonathas !

JONATHAS, à ce mot, se réveillant ; à demi-voix.

Où suis-je ?— Quelle voix m'a nommé ?

SAÜL, étonné.

Qui soupire ?
Parle ! qui que tu sois, que fais-tu là ?

(Il s'approche précipitamment de l'arbre.

JONATHAS.

J'expire

SAÜL.

Quels accents !...

JONATHAS.

C'est Saül !...

SAÜL, éperdu.

Est-il vrai? Jonathas!

JONATHAS.

C'est moi!

SAÜL, se précipitant sur son fils.

Je te retrouve!

JONATHAS.

Et je meurs dans vos bras!
Mais, avant de fermer mes yeux à la lumière,
Que le ciel soit loué! j'ai pu bénir mon père.

SAÜL.

Que vois-je! O malheureux, il nage dans son sang!
C'est donc ainsi, grand Dieu, que ta main me le rend!
Quel monstre l'a frappé? N'est-il plus d'espérance?
Faut-il mourir aussi?

JONATHAS.

Vivez pour ma vengeance!
Vivez; n'espérez pas de conserver mes jours :
L'instant où je vous parle en achève le cours.
Accordez-moi du moins une dernière grâce :
Que d'un fils expirant David prenne la place.
Dieu le chérit, et Dieu réjette votre fils :
Respectons ses décrets! Je meurs, et les bénis!

SAÜL.

Quoi! ce nom détesté dans ta bouche est encore?
Dieu le chérit!... Eh bien! c'est pourquoi je l'abhorre!
C'est pour lui que de Dieu les décrets inhumains
Ont brisé cette nuit mon sceptre dans mes mains;
C'est pour lui que tu meurs, c'est pour lui que je tombe;
C'est lui qui doit fonder son trône sur ta tombe!
Et tu veux...! Ah! plutôt dans son sein abhorré
Que ne puis-je plonger ce fer désespéré;
L'en retirer fumant pour l'y plonger encore;
Voir couler dans le tien tout ce sang que j'abhorre;
Et lorsque sous mes coups sa vie aurait coulé,
Me frapper à mon tour, et mourir consolé!

(Un moment de silence.)

— Mais je ne verrai pas son supplice! — Le lâche
Laisse tout faire au ciel; il triomphe, et se cache!
Il craint ce bras débile; il attend pour venir
Qu'un traître de ma perte aille le prévenir!
Qu'il vienne, il en est temps, saisir cette couronne
Qui tombe de mon front, et que son Dieu lui donne!
Qu'il vienne rechercher parmi ces flots de sang
Ce sceptre abandonné, ce trône qui l'attend!
Le voici! — Viens régner sur ces champs de carnage;
Viens recueillir de moi cet horrible héritage;
Prends ma place, perfide; et, sur ces tristes bords,
Règne sur des déserts, des débris et des morts!

JONATHAS.

Malheureux père! au nom de mon heure suprême,
Épargnez-moi! — Vivez, et rentrez en vous-même;

N'irritez pas un Dieu si sévère pour nous;
Et par le repentir désarmez son courroux!

SAÜL.

Et que me peut ton Dieu? que me fait sa colère?
A son courroux enfin que reste-t-il à faire?
Près du corps déchiré de mon fils expirant
Il m'entraîne, il me voit; il doit être content!
—Va! tant que j'espérai de conserver ta vie,
J'ai craint ce Dieu, mon fils; tu meurs, je le défie!
Sa cruauté ne peut accroître mon tourment.
Je tombe sous ses coups, mais en le blasphémant!

JONATHAS.

O ciel! à nos malheurs n'ajoutez pas ce crime!
—Contentez-vous, ô Dieu! d'une seule victime;
Que mon sang vous apaise, et que mon père...!

SAÜL, furieux.

                                        Non!
Non! je ne veux de toi ni bienfait ni pardon!
Dieu cruel, Dieu de sang, je te brave et t'outrage!
Tout ton pouvoir ne peut avilir mon courage.
Tu l'emporte, il est vrai; mais lorsque tu m'abats,
Je me relève encor pour insulter ton bras!
Je ne me repens pas des crimes de ma vie:
C'est toi qui les commis, et qui les justifie;
C'est toi qui, de mes jours constant persécuteur,
As semé sous mes pas les piéges du malheur;
Et, si l'excès des maux a produit l'injustice,
Tu fus de mes forfaits la cause et le complice!

—Tu les punis pourtant! —Tu les punis en moi;
Mais je les vois ailleurs récompensés par toi!
Ce qui fut crime en l'un chez un autre est justice :
La vertu n'est qu'un nom, ta loi n'est qu'un caprice;
Et ton pouvoir cruel n'a formé les humains
Que pour persécuter l'ouvrage de tes mains!
Eh bien! par mon supplice exerce ta puissance!
Assouvis tes regards, jouis de ma souffrance;
Jouis! mais hâte-toi de l'épuiser sur moi :
Le néant où je cours va m'arracher à toi!

JONATHAS, d'une voix éteinte.

O blasphème! Épargnez, Dieu clément!... O mon père!
Que cet égarement rend ma mort plus amère!
— Ne vous souvenez pas, Seigneur, de ces discours!
Seigneur, votre justice a compté tous nos jours;
Nos destins sont écrits dans vos lois éternelles,
Nos mérites pesés dans vos mains immortelles :
L'homme, œuvre de ces mains, pourra-t-il murmurer?
Osera-t-il juger ce qu'il doit adorer?
Ah! si la nuit des sens ici nous presse encore,
La mort ouvre nos yeux à l'éternelle aurore :
Je la sens! O Saül! quelle immense clarté!
Mon père! jour divin, céleste vérité!
Que ces rayons sacrés consolent ma paupière!...
Que le Seigneur m'est doux à mon heure dernière!...
Mon âme dans son sein s'exhale sans effort!
Mon père!... adieu... Seigneur, recevez...

(Il meurt.)

SAÜL, contemplant le corps de son fils.

Il est mort!...

Il est mort!... La voilà cette longue espérance,
Ces destins éternels promis à ma puissance!
Oracles imposteurs! à mon peuple, à mon fils,
A toute ma grandeur, malheureux, je survis!
Comme un astre tombant qui brille et qui s'efface,
J'ai vu briller et fuir tout l'espoir de ma race :
Et moi!... vieilli, défait, et pleurant sur des morts,
Vaincu, je reste seul!... seul avec mes remords!
Mourons donc! Venez tous jouir de mon supplice.
Vous, ombres qu'immola ma sanglante injustice,
Dans le sang de mon fils voyez couler mon sang!...
Mais je ne vous vois pas à ce dernier instant,
Mânes persécuteurs, auteurs de ma misère!
Quoi! vous m'abandonnez à mon heure dernière?
Quoi! vous ne venez pas vous disputer mon corps?
Quoi donc! connaîtrait-on la pitié chez les morts?
Eh bien! ma propre main vous apaise et vous venge!
Recevez tout mon sang, enivrez-vous...

(Il entend les pas des guerriers, les cris des vainqueurs.)

Qu'entends-je?
Mon nom!... Vous me cherchez, barbares ennemis?
Vous me trouverez là, sur le corps de mon fils!
Qui n'est tombé que mort n'est pas tombé sans gloire!
Les voici! Hâtons-nous, frappons, mourons!

(Il se perce de son épée sur le corps de Jonathas.)

SCÈNE VII

DES GUERRIERS poussent un cri en se précipitant sur la scène.

Victoire !

D'AUTRES GUERRIERS.

Gloire au fils d'Isaï! ses généreuses mains
Ont délivré Juda du fer des Philistins!

UN GUERRIER, apercevant les corps de Saül et de Jonathas.

Ciel! que vois-je?

UN AUTRE.

Saül couché sur la poussière!

UN AUTRE.

O spectacle! ô douleur! le fils avec le père!

SCÈNE VIII

LES PRÉCÉDENTS, DAVID, GUERRIERS.

DAVID.

Quoi ! Saül ? Jonathas ? où sont-ils ?

LES GUERRIERS, lui montrant leurs corps.

Tu les vois.

DAVID.

Dieu vengeur, qu'ai-je vu !

SAÜL, se ranimant.

Je reconnais ta voix !
Exécrable rival, dans les demeures sombres,
Ta voix me poursuit donc jusque parmi les ombres ?

DAVID, pleurant sur Jonathas.

Ah ! j'ai vaincu trop tard ! Ah ! malheureux enfant !

SAÜL.

Et mon dernier regard voit David triomphant !

(Il expire.)

LES GUERRIERS.

Il meurt!

DAVID.

Malheureux roi! je triomphe, et tu tombes!
Versons, au lieu de pleurs, du sang sur ces deux tombes!
Jonathas! en quel deuil mon triomphe est changé!
Mais nous te pleurerons quand tu seras vengé.

FIN DE SAÜL, TRAGÉDIE BIBLIQUE

ÉCRITE EN 1818

CHANT DU SACRE

ou

LA VEILLE DES ARMES

L'auteur, en voulant porter aux pieds du roi ce faible tribut de ses sentiments pour un prince dont le règne est l'aurore du bonheur de la France, n'a pas cru devoir s'astreindre scrupuleusement aux formes modernes du sacre, formes que l'état présent de notre monarchie modifiera peut-être encore. Il en a emprunté les principaux traits aux cérémonies guerrières qui, dans les temps chevaleresques, accompagnaient cette auguste consécration.

(1824)

CHANT DU SACRE

OU

LA VEILLE DES ARMES

> Orietur in diebus ejus justitia
> et abundantia pacis.
>
> Psalm.

La nuit couvre de Reims l'antique cathédrale[1] ;
Mille flambeaux semant la voûte triomphale,
De colonne en colonne et d'arceaux en arceaux,
Étendent sur la nef leurs lumineux réseaux,
Et, se réfléchissant sur le bronze ou la pierre,
Font serpenter au loin des ruisseaux de lumière.
De soie et de velours les parvis sont tendus :
Les écussons royaux aux piliers suspendus,
Flottant par intervalle au souffle de la brise,,
Font de soixante rois ondoyer la devise.

L'autel est ombragé d'armes et d'étendards ;
Ceux que la Palestine a vus sur ses remparts,
Ceux qu'enleva Philippe aux plaines de Bovines,
Et ceux qui d'Orléans sauvèrent les ruines,
Ce panache d'Ivry que fit flotter un roi,
Ceux que ravit Condé sous les feux de Rocroi,
Ceux enfin qui, guidant les fils de la victoire,
Du Tage au Borysthène ont porté notre gloire,
Et n'ont rien rapporté de Vienne et d'Austerlitz
Que cent noms immortels sur leurs lambeaux écrits !
Noirs, souillés, mutilés, teints de sang et de poudre,
Déchirés par le sabre ou percés par la foudre,
Pendant du haut des murs, entre leurs plis mouvants
De ce dôme sonore emprisonnent les vents,
Et semblent murmurer, en roulant sur leur lance :
« Voilà l'ombre qui sied au front d'un roi de France ! »

Le temple est vide encore : aux marches de l'autel,
Un pontife vêtu de l'éphod solennel
Semble attendre le jour, l'heure, l'instant suprême
Par la voix de l'airain frappé dans le ciel même :
Cent lévites, couverts de vêtements sacrés,
Du brillant sanctuaire entourent les degrés ;
Le regard suit au loin leurs onduleuses files ;
Debout, l'œil attentif, en silence, immobiles,
Ils tiennent d'une main les encensoirs flottants ;
L'autre, pressant la chaîne aux anneaux éclatants,
Semble prête à lancer vers la voûte enflammée
L'urne où déjà l'encens monte en flots de fumée.
On n'entend aucun bruit sous les divins arceaux,
Qu'un léger cliquetis de fer dans les faisceaux,

Ou le tintement sourd des gothiques armures
Qui jettent par moments d'aigres et longs murmures.
L'ombre déjà blanchit; tout est prêt; qu'attend-on?
Entendez-vous là-haut rouler ce vaste son,
Qui, comme un bruit des vents dans des forêts plaintives,
Gronde avec majesté d'ogives en ogives,
Par les sacrés échos répété douze fois,
Du dôme harmonieux fait vibrer les parois,
Et, tandis qu'à ses coups la voûte tremble encore,
Semble sortir du marbre et rendre l'air sonore?
C'est l'airain de la tour qui murmure minuit:
Minuit! l'heure sacrée!... Écoutez! A ce bruit,
Les lourds battants d'airain, brisant leurs gonds antiques,
Ouvrent du temple saint les immenses portiques;
On entend au dehors l'acier heurter l'acier,
Le marbre frissonner sous le fer du coursier,
Ou les pas des guerriers, dont le bruit monotone
Ébranle, à temps égaux, le caveau qui résonne.
Cent chevaliers couverts de l'éclatant cimier
Entrent. Quel est celui qui marche le premier?

Son port majestueux sur la foule s'élève;
L'or fait étinceler le pommeau de son glaive;
Flottante à son côté, son écharpe à longs plis
Balaye en retombant les marches du parvis;
De longs éperons d'or embrassent sa chaussure,
Et sur l'écu royal qui couvre son armure,
Du sanctuaire en feu tout l'éclat reflété
Jette au loin sur ses pas des gerbes de clarté.
De son casque superbe il lève la visière;
Son panache éclatant flotte et penche en arrière,
Et laisse contempler au regard enchanté
D'un front mâle et serein la douce dignité.

Comme un sommet battu des coups de la tempête,
Dont les neiges d'automne ont parsemé le faîte,
Avant les jours d'hiver déjà ses cheveux blancs
Ont empreint sur ce front la sainteté des ans,
Et leur boucle d'argent, qui s'échappe avec grâce,
A son panache blanc se confond et s'enlace :
Son œil superbe et doux brille d'un sombre azur;
Son regard élevé, mais franc, sincère et pur,
Lançant sous sa visière un long rayon de flamme,
Semble à chaque coup d'œil communiquer son âme :
Dans ce regard sévère et clément à la fois,
La nature avant l'homme avait écrit ses droits;
Il semble accoutumé dès sa première aurore
A regarder d'en haut un peuple qui l'implore;
Sa bouche, que relève une mâle fierté,
Imprime à son visage un air de majesté;
Mais sa lèvre entr'ouverte, où la grâce respire,
Tempère à chaque instant l'effroi par un sourire;
Et cette main, qu'il ouvre et qu'il tend comme Henri,
Tout annonce le Roi !... La nef tremble à ce cri :
Mais d'un geste à la foule il impose silence,
Et d'un pas recueilli vers l'autel il s'avance.

L'ARCHEVÊQUE.

D'où viens-tu?

LE ROI.

De l'exil.

L'ARCHEVÊQUE.

Qu'apportes-tu

LE ROI.

Mon nom.

L'ARCHEVÊQUE.

Quel est ce nom sacré?

LE ROI.

Charles dix et Bourbon.

L'ARCHEVÊQUE.

Que viens-tu demander?

LE ROI.

Le sceptre et la couronne.

L'ARCHEVÊQUE.

Au nom de qui?

LE ROI.

Du Dieu qui les ôte et les donne !

L'ARCHEVÊQUE.

Pourquoi?

LE ROI.

Pour imprimer à mon nom, à mes droits,
Le sceau majestueux du Dieu qui fait les rois!

L'ARCHEVÊQUE.

Connais-tu les devoirs que ce titre t'impose?
Oses-tu les jurer?

LE ROI.

Que Dieu m'aide, et je l'ose.

L'ARCHEVÊQUE.

Quels sont-ils?

LE ROI.

Proclamer et défendre la loi,
Récompenser, punir, vivre et mourir en roi!
Aimer et gouverner comme un pasteur fidèle
Ce saint troupeau que Dieu confie à ma tutelle,
Être de mes sujets le père et le vengeur!

L'ARCHEVÊQUE.

Où les as-tu trouvés, ces devoirs?

LE ROI.

Dans mon cœur!

Mon front connut le poids de ces grandeurs humaines,
Et c'est la royauté qui coule dans mes veines!

L'ARCHEVÊQUE.

Où sont les saints garants de tes serments?

LE ROI.

Aux cieux!
Les mânes couronnés de mes soixante aïeux :
Ce CHARLES qui fonda des ruines de Rome
Un empire trop grand pour l'âme d'un autre homme;
Ces princes tour à tour redoutés et chéris,
Ces LOUIS, ces FRANÇOIS, ces généreux HENRIS;
Et si de ces héros tu récuses la gloire,
J'en ai d'autres encore en qui le ciel peut croire!

L'ARCHEVÊQUE.

Où sont-ils, ces témoins des paroles des rois[2]?
Où sont tes douze pairs?

LE ROI, montrant les douze pairs.

Pontife, tu les vois.

L'ARCHEVÊQUE.

Nomme-les.

LE ROI.

REGGIO! Ce nom, à son aurore,
Du saint vernis des temps n'est pas couvert encore;

Mais ses titres d'honneur sont partout déroulés :
Regarde avec respect ses membres mutilés!
Ce nom, comme les noms des Dunois, des Xaintrailles.
A germé tout à coup sur vingt champs de batailles :
J'aime mieux, pour orner le bandeau qui me ceint,
Un grand nom qui surgit qu'un vieux nom qui s'éteint!

L'ARCHEVÊQUE.

Quel est ce maréchal qui d'une main frappée
Cherche en vain à presser le pommeau d'une épée?
L'étoile des héros étincelle sur lui,
Et son bâton d'azur semble être son appui.

LE ROI.

C'est le second-Bayard! c'est VICTOR! c'est BELLUNE!
Plus brave que son nom, plus grand que sa fortune!
Partout où la patrie a des coups à pleurer,
Son corps, rempart vivant, est là pour les parer,
Et, fidèle au malheur encor plus qu'à la gloire,
Ses revers ont toujours l'éclat d'une victoire!

L'ARCHEVÊQUE.

Et celui qui soutient de son bras triomphant
Les pas tremblants encor de ce royal enfant,
Et qui d'un œil de père, en regardant son maître,
Semble dire en son cœur : « C'est moi qui l'ai vu naître! »
Quel est-il?

LE ROI.

Un soldat : le nom d'ALBUFÉRA
Illustre encor celui que l'Espagne pleura

Quand, brisant dans Madrid le joug de la victoire,
Pour unique dépouille il rapporta sa gloire !
Sauveur du beau pays qu'il avait combattu,
Il a ravi son nom... mais c'est par sa vertu !

L'ARCHEVÊQUE.

Mais quel est ce vieillard ? Sa blanche chevelure
Couvre à flocons d'argent l'acier de son armure ;
Par la trace des ans son front paraît terni...

LE ROI.

C'est Moncey ! des combats le bruit l'a rajeuni.
Malgré ses traits flétris sous les glaces de l'âge,
Les camps l'ont reconnu... mais c'est à son courage.
Comme un soldat d'hier il marcha pour son roi.
Il serait mort pour lui ! qu'il vieillisse pour moi !

L'ARCHEVÊQUE.

Et celui qui, brillant d'un long reflet de gloire...?

LE ROI.

La Trémouille !

L'ARCHEVÊQUE.

Il suffit : ce nom vaut une histoire !
Et celui qui, le front sur le marbre incliné,
Aux degrés de l'autel humblement prosterné,
Les mains jointes, les yeux fixes comme la pierre.
Semble exhaler pour toi sa fervente prière,
Quel est ce chevalier chrétien ?

LE ROI.

MONTMORENCY.

L'ARCHEVÊQUE.

L'œil, s'il n'y brillait pas, le chercherait ici !

LE ROI.

Servant le même Dieu, fidèle au même maître,
Ses aïeux, à ces traits, pourraient le reconnaître;
Modèle du sujet, du héros, du chrétien,
Son nom de siècle en siècle est un écho du mien;
Et partout où la France a besoin de son glaive,
Ou le roi d'un ami, MONTMORENCY se lève.

L'ARCHEVÊQUE.

Ce guerrier qui soutient l'étoile des guerriers,
Où l'image d'Henri brille entre des lauriers?

LE ROI.

MACDONALD! Des héros le juge et le modèle,
Sous un nom étranger il porte un cœur fidèle;
Dans nos sanglants revers, moderne Xénophon,
La France et l'avenir ont adopté son nom,
Et son bras, dans les champs d'Arcole et d'Ibérie,
En sauvant les Français a conquis sa patrie!

L'ARCHEVÊQUE.

Ce sage revêtu de la toge à longs plis

Où l'on voit enlacés des cyprès et des lis,
Et qui tient dans ses mains ton glaive et ta balance?

LE ROI.

Arrête! ce nom seul fait incliner la France!
C'est Desèze! C'est lui dont l'éloquente voix
S'éleva pour sauver le pur sang de ses rois.
Quand aux fers des bourreaux, impatients du crime,
Disputant sans espoir la royale victime,
Il fallait un martyr pour défendre un Bourbon,
Lui seul de ce grand meurtre a lavé son beau nom.
Louis à l'avenir a légué sa mémoire,
Et ces deux noms unis sont scellés dans l'histoire!

L'ARCHEVÊQUE.

Et ce preux chevalier qui sur l'écu d'airain
Porte au milieu des lis la croix du pèlerin,
Et dont l'œil, rayonnant de gloire et de génie,
Contemple du passé la pompe rajeunie?

LE ROI.

Chateaubriand! Ce nom à tous les temps répond;
L'avenir au passé dans son cœur se confond;
Et la France des preux et la France nouvelle
Unissent sur son front leur gloire fraternelle.
Soutien de la Couronne et de la Liberté,
Il lègue un double titre à la postérité;
Et, pour briser naguère une force usurpée,
La plume entre ses mains nous valut une épée!

L'ARCHEVÊQUE.

Nomme encor ce vieillard qui de pleurs inondé....

LE ROI.

Ne m'interroge pas! c'est le dernier Condé!!!
Il pleure un fils absent : ne troublons pas ses larmes!

L'ARCHEVÊQUE.

Et ce prince appuyé sur ses brillantes armes,
Qui, les yeux attachés sur ce groupe d'enfants,
Contemple avec orgueil cet espoir?

LE ROI.

D'Orléans!
Ce grand nom est couvert du pardon de mon frère :
Le fils a racheté les crimes de son père!
Et, comme les rejets d'un arbre encor fécond,
Sept rameaux ont caché les blessures du tronc!

L'ARCHEVÊQUE.

Nomme enfin ce héros, dont la tête inclinée
Semble porter le poids de tant de destinée,
Et dont le front chargé de palmes...

LE ROI.

C'est mon fils!

L'ARCHEVÊQUE.

Qu'a-t-il fait pour ce nom?

LE ROI.

Demandez à Cadix!

L'ARCHEVÊQUE.

Il suffit : ces témoins répondent de ta vie!
Tout siècle les verrait avec un œil d'envie.
CHARLES! réjouis-toi! Lequel de tes aïeux
A pu citer jamais des noms plus glorieux?

———

Mais silence! Le Roi, le front contre la pierre,
Murmure à demi-voix sa touchante prière,
Et ses vœux, en soupirs de son cœur échappés,
S'exhalent lentement à mots entrecoupés :

———

Dieu des astres, Dieu des armées!
Dieu qui conduis de l'œil les sphères enflammées!
Dieu des empires, Roi des rois!
Au bruit d'un peuple entier qui pousse un cri de fête,
Du bronze et de l'airain qui grondent sur ma tête,
Voici l'heure! écoute ma voix!

Errant, sans trône et sans patrie,
Triste objet de pitié comme autrefois d'envie,

J'ai mangé le pain de douleur;
Et d'exil en exil traînant mon titre illustre,
Je n'avais à montrer, pour conserver son lustre,
  Que la majesté du malheur!

  Adorant tes rigueurs divines,
Dans les murs d'Édimbourg j'habitai ces ruines
  Pleines du destin des Stuarts!
Ces palais écroulés, ces tours d'herbes couvertes,
Et ces portes sans gardes et ces salles désertes
  Sympathisaient à mes regards!

  Là, victime du rang suprême,
Une reine voyait son sacré diadème
  Jouet de l'amour et du sort;
Et, du haut de ces tours où triomphaient ses charmes,
En regardant la mer, implorait par ses larmes
  L'obscurité de l'autre bord!

  Que de fois sous le dôme sombre
Où je cherchais sa trace, hélas! je vis cette ombre
  Mêler ses soupirs à ma voix,
Et m'apprendre en pleurant sur quelle onde incertaine
Le vent capricieux de la fortune humaine
  Fait flotter le destin des rois!

  Victime, pleurant des victimes,
Trop connu du malheur, de ces leçons sublimes,
  Hélas! je n'avais pas besoin!
Quel siècle fut jamais plus fertile en ruines?

Mon Dieu! pour contempler tes justices divines,
    Fallait-il regarder si loin?

    N'ai-je pas vu ce diadème,
Par le glaive arraché de la tête suprême,
Rouler dans la poussière aux pieds des factions?
De la poudre des camps relevé par la gloire,
Joué, gagné, perdu, ravi par la victoire,
    Passer avec les nations?

    Hélas! sur ce sable où nous sommes,
Quand tout mugit encor de ces tempêtes d'hommes,
Qui pourrait envier ce sceptre des humains?
C'est la foudre du ciel que porte un bras timide!
Qui toucherait sans crainte à cette arme perfide
    Près d'éclater entre nos mains?

    Par un ciel d'exil profanées,
L'infortune a doublé le poids de mes journées,
    Je descends la pente des ans;
A peine si mon front, que leur souffle moissonne,
Portera sans fléchir le poids de la couronne
    Qui va parer ces cheveux blancs!

    La tombe avertit ma paupière;
L'espoir à son aspect retournant en arrière
    Ferme l'avenir devant moi!
Je mourrai; de la mort l'égalité fatale
Mêlera quelque jour à la cendre banale
    La poussière qui fut un Roi!

Mais ma faiblesse en vain murmure;
Le cri d'un peuple entier, l'ordre de la nature,
    Du ciel sont l'arrêt souverain!
Hélas! il faut régner! Régner? quel mot suprême!
Être ici-bas ton ombre! ô mon Dieu! viens toi-même
    Tenir le sceptre dans ma main!

    Que l'onction qu'on va répandre
Me donne la vertu de craindre et de défendre
    Ce trône où je suis condamné!
Et que l'huile sacrée en coulant sur ma tête
Me prépare au combat que cette heure m'apprête,
    Comme un athlète couronné.

    Que jamais mon œil ne sommeille!
Que tes anges, Seigneur, portent à mon oreille
    Ces soupirs, les remords des rois!
Que mon nom luise égal sur mes vastes provinces!
Que le denier du pauvre et le trésor des princes
    Y soient pesés du même poids!

    Que, s'élevant en ma présence,
Les cris de l'opprimé, les pleurs de l'innocence
M'apportent les besoins du dernier des mortels!
Que l'orphelin tremblant, que la veuve qui pleure,
Près de mon trône admis, l'embrassent à toute heure
    Comme les marches des autels!

    Aux conquérants livre la gloire!
Qu'aux cœurs de mes sujets ma paisible mémoire

Ne soit qu'un tendre souvenir !
Que mes fastes heureux n'aient qu'une seule page !
Que la borne posée à mon noble héritage
　　Passe immobile à l'avenir !

　　De ma race auguste patronne,
Toi qui, pour les Français effeuillant ta couronne,
　　A leurs drapeaux prêtas tes lis,
Étoile du bonheur, sois l'astre de la France,
Et conserve à jamais ta bénigne influence
　　Aux premiers soldats de ton fils !

———

La première lueur de la naissante aurore,
A travers les vitraux où le jour se colore,
Comme l'aube obscurcit les étoiles des nuits,
Fait pâlir de la nef les feux évanouis,
Et la double clarté qui se combat dans l'ombre
Se mêle, en avançant, vers la voûte moins sombre.
A ce jour progressif, de ces dômes sacrés
L'œil suit dans le lointain les contours éclairés,
Et, de la basilique embrassant l'étendue,
Découvre à ses arceaux la foule suspendue :
Les tribunes, longeant les courbes des piliers,
Croisent dans tous les sens leurs immenses sentiers ;
Sous leur poids orageux le cintre ébranlé gronde ;
Un long torrent de peuple à grands flots les inonde,
En déborde, et couvrant les arcs, les monuments,
Des dômes découpés les hauts entablements,
Aux voûtes de la nef se suspend en arcades,
S'enlace comme un lierre aux fûts des colonnades,

Du parvis à la frise et d'arceaux en arceaux
En guirlandes s'allonge, ou se groupe en faisceaux,
Et du pilier gothique embrassant le feuillage,
Tremble comme l'acanthe au souffle de l'orage.
De ses noirs fondements jusqu'au sommet des tours,
Un peuple tout entier tapissant ses contours,
Pressé comme les flots de l'antique poussière,
Semble avoir du vieux temple animé chaque pierre.

———

L'airain guerrier résonne, et les enfants de Mars
Se rangent en silence autour des étendards :
Là, ceux dont le regard, que le calcul éclaire,
Dans les champs des combats est l'aigle du tonnerre,
Et qui, d'une étincelle échappée à leurs mains,
Font voler à son but la foudre des humains ;
Là, ces géants coiffés de sauvages crinières,
Dont le poil fauve et noir tombe sur leurs paupières ;
Ces centaures brillants, messagers des combats,
Qui traînent à grand bruit leurs sabres sur leurs pas ;
Et ceux qui font rouler sur le fer d'une lance
Ces légers étendards où la mort se balance ;
Et ceux dont au soleil les casques éclatants
Font ondoyer encor des panaches flottants ;
Et ceux qui, revêtus de leurs brillantes mailles,
N'offrent qu'un mur d'airain sur leur front de batailles,
Et dont le pied, pressant les flancs d'un noir coursier,
Résonne sur le sol comme un faisceau d'acier !
Digeon, Valin, Maubourg, dirigent leurs courages !
Enfants des deux drapeaux, braves de tous les âges,
Ces preux autour du Roi n'ont qu'un cœur et qu'un rang ;
L'Espagne a confondu les couleurs dans leur sang.

Là ce jeune guerrier, ce débris de deux guerres,
Dont le laurier s'unit au cyprès de deux frères;
Ce sang, dont la Vendée a vu couler les flots,
N'épuisa point en lui la source des héros *.

Mais, sur ce dais où l'or en longs plis se déroule,
Quel populaire instinct porte l'œil de la foule?
Ah! c'est le sang royal qui parle aux cœurs français!...
A l'ombre de ces lis entourés de cyprès,
Dont la tige sur elle avec amour s'incline,
Voilà l'ange exilé! la royale Orpheline!
Son front, que des bourreaux le fer a respecté,
Garde de la douleur la noble majesté!
On sent à son aspect que, digne de sa mère,
Le ciel lui fit une âme égale à sa misère!
A ces pompes du trône on la ramène en vain;
Son cœur désenchanté les goûte avec dédain,
Et peut-être, au moment où son œil les contemple,
Son âme, s'envolant dans les cachots du Temple,
Rêve aux jours de l'enfance où, sous ces murs affreux,
Que la main des bourreaux obscurcissait pour eux,
Un rayon de soleil à travers une grille
Était la seule pompe, hélas! de sa famille!...

La veuve de BERRI des couleurs du cercueil
Couvre son front mêlé d'espérance et de deuil;
Ses longs cheveux épars, se dénouant d'eux-même,
Semblent en retombant pleurer un diadème;

---

* La Rochejaquelein.

Son regard, effleurant le faste de ces lieux,
N'y voit qu'un vide immense et se reporte aux cieux.
Hélas! le sort, voilant l'aube de sa jeunesse,
A brisé dans ses mains une coupe d'ivresse...
Le coup qu'elle a reçu répond à tous les cœurs;
Ses yeux dans tous les yeux ont retrouvé des pleurs.
Là, deux sœurs, un exil, un palais les rassemble *;
Le malheur, la pitié, les invoquent ensemble;
Le siècle les admire et ne les connaît pas,
Le pauvre les regarde et les nomme tout bas.

Mais quel est cet enfant? L'avenir de la France!!!
La promesse de Dieu qu'embellit l'espérance!
De ses seuls cheveux blonds son beau front couronné
Ignore encor le rang pour lequel il est né;
Libre encor des liens de sa haute origine,
Il sourit au fardeau que le temps lui destine;
Ses yeux bleus, où le ciel aime à se retracer,
Sur ces pompes du sort s'égarent sans penser;
Il ne voit que l'éclat dont le trône étincelle,
La vapeur de l'encens qui monte ou qui ruisselle,
Le reflet des flambeaux répété dans l'acier,
Ou l'aigrette flottant sur le front du guerrier;
Et, comme Astyanax dans les bras de sa mère,
Sa main touche en jouant aux armes de son père.

Le pontife est debout : le nard aux flots dorés
Semble prêt à couler de ses doigts consacrés;
CHARLE, à genoux, baissant son front sans diadème,
Offre ses blancs cheveux aux parfums du saint chrême;

---

* LL. AA. RR. madame la duchesse et mademoiselle d'Orléans.

Et le prêtre, élevant la couronne en ses mains [3],
Parle au nom du seul maître, au maître des humains.

L'ARCHEVÊQUE.

Si nous étions encore aux siècles des miracles [4],
La colombe, planant sur les saints tabernacles,
T'apporterait du ciel le chrême de Clovis,.
La main d'un ange même, aux accents d'un prophète,
      Poserait sur ta tête
      La couronne de lis!

Mais ces temps ne sont plus! le passé les emporte;
Le ciel parle à la terre une langue plus forte :
C'est la seule raison qui l'explique à la foi!
Les grands événements, voilà les grands prestiges!
      Tu cherches les prodiges!
      Le prodige, c'est Toi!

C'est toi! Roi sans sujets! fugitif sans asile!
Proscrit du trône ingrat d'où l'Europe t'exile,
Tu vas traîner des rois l'indélébile affront,
Puis, au moment marqué par le Maître suprême,
      Tu reviens : de lui-même
      Le bandeau ceint ton front!

Tu reviens sans trésors, sans alliés, sans armes,
Toucher du pied royal cette terre de larmes,

Cette terre de feu qui dévorait les rois!
Comme un homme trompé par un funeste rêve,
  On s'éveille, on se lève,
  On s'élance à ta voix!

« Le voilà! » Ce seul mot a reconquis la France;
Tout un peuple animé de zèle et d'espérance
Te porte dans ses bras au palais paternel!
Le soldat, des Germains ne compte plus le nombre,
  Et se désarme à l'ombre
  De ton trône éternel!

Les villes à tes pieds portent leurs clefs fidèles;
Les soldats étonnés, ouvrant leurs citadelles,
Comme un salut royal déchargent leur canon!
Ces drapeaux que jamais, aux éclairs de la poudre,
  Ne fit baisser la foudre,
  S'abaissent à ton nom!

La Liberté superbe, à ta voix assouplie,
Sous un joug volontaire avec amour se plie;
Tu souris au pardon sur la force appuyé!
Trente ans comme un seul jour s'effacent : ta mémoire
  Se souvient de la gloire;
  Le crime est oublié!

Il semble qu'un esprit de grâce et d'harmonie
Aux cœurs de tes sujets ait soufflé ton génie!
Que du royal martyr le vœu soit accompli!
Et que chaque Français, comme une sainte offrande,

CHANT DU SACRE.

>Devant tes pas répande
>L'espérance et l'oubli !

Viens donc! élu du ciel que sa force accompagne;
Viens! Par la majesté du divin Charlemagne!
La valeur de Martel ou du soldat d'Ivri!
Par la vertu du roi qu'a couronné l'Église!
>Par la noble franchise
>Du quatrième Henri!

Par les brillants surnoms de cette race auguste :
Le Sage, le Vainqueur, le Bon, le Saint, le Juste;
La grâce de Philippe ou de François premier!
Par l'éclat de ce roi dont l'ascendant suprême
>Imposa son nom même
>Au siècle tout entier!

Par ce martyr des rois qui mourut pour nos crimes!
Par le sang consacré de cent mille victimes!
Par ce pacte éternel qui rajeunit tes droits!
Par le nom de Celui dont tout sceptre relève!
>Par l'amour qui t'élève
>Sur ce nouveau pavois!

Au nom du seul puissant, du seul saint, du seul sage,
Dont l'espace et le temps sont le vaste héritage,
Dont le regard s'étend à tout siècle, à tout lieu!
Sois sacré! tu deviens, par ce royal mystère [5],
>Le maître de la terre,
>Le serviteur de Dieu!

Règne! juge! combats! venge! punis! pardonne!
Conduis! règle! soutiens! commande! impose! ordonne!
Par la vertu d'en haut sois couronné! sois Roi!
Ta main dès cet instant peut frapper, peut absoudre;
   Ton regard est la foudre,
   Ta parole est la loi!

Il dit : un seul cri part; l'air mugit, l'airain sonne!
Les drapeaux déroulés flottent; le canon tonne,
Et l'ardent TE DEUM, ce cantique des rois,
S'élance d'un seul cœur et de cent mille voix!

« Que la terre et les cieux et les mers te bénissent!
Qu'au chœur de chérubins les séraphins s'unissent
Pour célébrer ici le Dieu qui nous sauva.
Saint, Saint, Saint est son nom! Que la foudre le gronde,
Que le vent le murmure, et l'abîme réponde :
   Jéhova! Jéhova!

» Qu'il gouverne à jamais son antique héritage!
Sur les fils de nos fils qu'il règne d'âge en âge;
Nos cris l'ont invoqué! sa foudre a répondu!
De toute majesté c'est la source et le père!
Le peuple qui l'attend, le siècle qui l'espère
   N'est jamais confondu!

» Qu'il est rare, ô mon Dieu, que ta main nous accorde
Ces temps, ces temps de grâce et de miséricorde,
Où l'homme peut jeter ce long cri de bonheur,
Sans qu'un soupir, faussant le cantique d'ivresse,
Vienne en secret mêler aux concerts d'allégresse
      L'accent d'une douleur !

» Mais béni soit mon temps ! le monde enfin respire ;
De trente ans de combats le bruit lointain expire :
La terre enfante l'homme, et n'a plus soif de sang !
Sur deux mondes unis qui marchent en silence
On n'entend que la voix de la reconnaissance
      Qui monte et redescend.

» Les rois ont recouvré leur divin héritage ;
Les peuples, leur rendant un légitime hommage,
Ont placé dans leurs mains le sceptre de la loi !
Elle brille à leurs yeux comme un céleste phare,
Et dans le temple en deuil leur piété répare
      Les débris de la foi.

» L'homme voit sur les mers ses flottes mutuelles
A tous les vents du ciel ouvrir leurs libres ailes ;
La sueur de son front ne germe que pour lui ;
Et partout dans la loi, sourde comme la pierre,
Le crime a son vengeur, la force sa barrière,
      Le faible son appui.

» En génie, en vertu, la terre encor féconde
Ouvre un champ sans limite à l'avenir du monde ;

Chaque jour à son siècle apporte son trésor;
Les éléments soumis ont reconnu leur maître,
Et l'univers vieilli rêve qu'il voit renaître
　　Un dernier âge d'or... »

Et toi qui, relevant les débris des couronnes,
Viens du trône des rois embrasser les colonnes,
Rêve des nations, qu'ont vu passer nos yeux,
Que le Christ après lui fit descendre des cieux!
Liberté! dont la Grèce a salué l'aurore,
Que d'un berceau de feu ce siècle vit éclore,
Viens, le front incliné sous le sceptre des rois,
Poser le sceau du peuple au livre de nos lois!
Trop longtemps l'univers, lassé de tes orages,
Aux mains des factions vit flotter tes images;
Trop longtemps l'imposture, usurpant ton beau nom,
De ses honteux excès fit rougir la raison:
L'univers cependant, effrayé de lui-même,
T'invoque et te maudit, t'adore et te blasphème,
Et, comme un nouveau culte aux humains inspiré,
Ne peut fixer encor ton symbole sacré!
Je ne sais quel instinct, plus sûr que l'espérance,
Présage aux nations ton règne qui s'avance:
L'opprimé, l'oppresseur, te rêvent à la fois;
Un peuple enseveli ressuscite à ta voix;
Le voile qui des lois couvrait le sanctuaire
Se déchire, et le jour de tes yeux les éclaire.
Les partis triomphants, si prompts à t'oublier,
Se couvrent de ton nom comme d'un bouclier;
Chaque peuple à son tour te possède ou t'espère,
Et ton œil cherche en vain un tyran sur la terre!

Viens donc! viens, il est temps, tardive LIBERTÉ!
Que ton nom incertain, par le ciel adopté,
Avec la vérité, la force et la justice,
Du palais de nos rois orne le frontispice!
Que ton nom soit scellé dans les vieux fondements
De ce temple où la foi veille sur leurs serments;
Et que l'huile, en coulant sur leur saint diadème,
Retombe sur ton front et te sacre toi-même!
Règne! mais souviens-toi que l'illustre exilé
Par qui dans ces climats ton deuil fut consolé,
Précurseur couronné que salua la France,
T'annonça dans nos maux comme une autre espérance,
Et, t'arrachant lui seul aux mains des factions,
Fit de tes fers brisés l'ancre des nations;
Que ton ombre, régnant sur un peuple en délire,
Et victime bientôt des fureurs qu'elle inspire,
Fit au monde étonné regretter les tyrans;
Que tu fus enchaînée au char des conquérants;
Que ton pied traîne encor les fers de la victoire
A ces anneaux dorés qu'avait rivés la gloire,
Et que pour affermir et consacrer tes droits,
Ton temple le plus sûr est le cœur des bons rois!

NOTES

DU

CHANT DU SACRE

NOTE PREMIÈRE

(Page 441)

La nuit couvre de Reims l'antique cathédrale.

Nous n'ajouterons point de nouvelles dissertations à tant d'autres sur les prétentions de l'église de Reims au droit exclusif de sacrer les successeurs de Clovis et de saint Louis. Nous nous bornerons à faire observer que cette métropole n'a pour elle qu'un long usage qui, toutes choses égales dans la balance des considérations, doit lui mériter la préférence, mais qui ne saurait, d'aucune manière, lier le monarque dans son choix.

« La faction des Guise, dit le président de Thou, avait proposé aux états de Blois de reconnaître en principe que nul ne pourrait être réputé roi légitime de France s'il n'avait été sacré à Reims; mais le conseil du roi, rejetant cette proposition insidieuse, décida qu'il serait injuste que l'héritier naturel et légitime de la couronne n'eût pas la liberté de se faire couronner où il jugerait à propos; et parmi plusieurs exemples de rois qui n'avaient pas été sacrés à Reims, on cita celui de Louis le Gros, dont le sacre se fit à Orléans. »

On a plusieurs exemples de sacres qui ne se sont point accomplis à Reims, ceux de Pepin, Charlemagne, Carloman, Raoul, Louis IV, Robert (suivant quelques historiens), Louis VI, Charles VII (la première fois) et Henri IV; non compris les sacres appliqués à des titres autres que celui de roi de France.

NOTE DEUXIÈME

(Page 447)

L'ARCHEVÊQUE.

Où sont-ils, ces témoins des paroles des rois ?
Où sont tes douze pairs ?

LE ROI, montrant les douze pairs.

Pontife, tu les vois!

Froissart appelle les douze pairs *frères du royaume*. Les douze pairs étaient connus avant Louis VII; on lit dans le roman d'Alexandre :

Élisez douze pairs qui soyent compagnons,
Qui mènent vos batailles en grande dévotion.

D'autres romanciers du même temps, entre autres Gauthier d'Avignon, supposent que les douze pairs se trouvèrent à la bataille de Roncevaux. Louis le Jeune, dit Du Tillet dans son *Recueil des rois de France*, créa les douze pairs pour le sacre et le couronnement de Philippe-Auguste, et pour juger avec le roi les grandes causes au parlement. Les premiers pairs royaux, érigés en tribunal national, concouraient à l'inauguration, non-seulement pour recevoir le serment du monarque et constater l'acte de prise de possession du trône, mais encore pour juger les oppositions qui auraient pu s'élever parmi les dissidents. On trouve des traces de ces fonctions primitives dans un ancien Formulaire, suivant lequel le roi, la veille de son sacre, se montrait au peuple accompagné des pairs, qui faisaient entendre ces paroles : « Vées-cy votre roi que nous, pairs de France, couronnons à roi et à souverain seigneur, et s'il y a âme qui le veuille contredire, *nous sommes ici pour en faire droit*, et sera au jour de demain consacré par la grâce du Saint-Esprit, se par vous n'est contredit. »

NOTE TROISIÈME

(Page 461)

Et le prêtre, élevant la couronne en ses mains,
Parle, au nom du seul maître, au maître des humains.

L'inauguration de Pepin, cette solennité qu'on s'est habitué à considérer comme le principe et le fondement du sacre, ne constitue qu'un contrat politique béni par l'Église, suivant un usage dès lors établi dans l'Orient; et l'onction sainte un rite commun à tous les fidèles, dont les ministres de la religion avaient fait une application plus particulière et plus solennelle à la cérémonie du couronnement, qui n'emportait aucune idée de servitude ou de dépendance temporelle envers l'Église, qui laissait agir dans toute sa plénitude, ou la force du droit de naissance, ou le vœu spontané de la nation.

Nous en trouvons une preuve dans le couronnement de Louis le Débonnaire, qui, sans la participation de l'Église et n'obéissant qu'à l'ordre absolu de Charlemagne, prit la couronne que son père avait fait placer sur l'autel, et se la mit lui-même sur la tête en présence des états. *Tum jussit pater ut, propriis manibus coronam quæ erat super altare, elevaret, et capiti suo imponeret* (Thegan, *Gestes de Louis le Débonnaire*); sur quoi Fauchet fait cette réflexion : « Est à noter, en cet acte solennel, que Charlemagne, déclarant son fils empereur, *n'attend point le consentement de personne là-dessus*, ni ne voulut qu'autre que son fils touchât à la couronne impériale pour la mettre sur son chef; chose qui semble n'avoir été faite par cet empereur sans mystère, et pour montrer qu'il ne tenoit l'empire que de Dieu seul, etc. » Cela est juste quant à l'Église, et rien n'est plus propre à démontrer l'indépendance de l'empereur; mais l'observation n'est pas exacte à l'égard de l'affranchissement politique ou civil : car, quelques jours avant la cérémonie, Charlemagne assembla les grands du royaume, et leur demanda à tous, depuis le premier jusqu'au dernier, s'ils avaient pour agréable qu'il déclarât son fils empereur : *Interrogans omnes, a maximo usque ad minimum, si eis placuisset,* etc.

NOTE QUATRIÈME

(Page 461)

Si nous étions encore au siècle des miracles,
La colombe, planant sur les saints tabernacles,
T'apporterait du ciel le chrême de Clovis...

L'onction administrée à Clovis a-t-elle été une inauguration? Ce prince a-t-il été oint comme roi ou comme chrétien? Tout annonce que le sacre de Clovis, comme roi, est un fait supposé qui n'aurait d'autre fondement que le miracle de la sainte ampoule. Les auteurs des deux derniers siècles qui ont écrit notre histoire générale avec quelque discernement n'ont vu dans l'acte de la conversion de Clovis qu'une cérémonie sacramentelle qui fit d'un roi idolâtre un monarque chrétien. Grégoire de Tours, qui rapporte les circonstances caractéristiques de cette solennité royale, ne dit pas un mot d'où l'on puisse inférer qu'il y fût question de toute autre chose que du baptême et de la confirmation de Clovis. Voici son récit : « Saint Remi fait préparer un lavoir suivant le mode de l'immersion. Le baptistère est disposé et muni de baume [1]

---

[1] L'usage du baume et de l'huile parfumée dans les cérémonies de la religion tire son principe de la plus haute antiquité.
La manière de le préparer a fourni le sujet d'un traité volumineux

par son ordre. L'église est tapissée de courtines blanches, c'est la couleur des catéchumènes et la décoration propre à la cérémonie du baptême. Nouveau Constantin, Clovis se présente au bain sacré pour y laver sa vieille lèpre et se purifier dans la source de vie. Là, confessant un Dieu en trois personnes, il est baptisé au nom du Père, du Fils et du Saint-Esprit; il reçoit enfin l'onction du chrême, et plus de trois mille Français participent aux mêmes sacrements dans la même cérémonie. »

Les traditions reçues veulent que la sainte ampoule ait été envoyée ou même apportée par le Saint-Esprit sous la forme d'une colombe; et néanmoins elle est annoncée pour la première fois dans le Formulaire de Louis le Jeune comme un présent de la Divinité transmis par un ange. L'apparition de l'ange est attestée par Godefroy de Viterbe et Guillaume le Breton. On la retrouve encore dans la Chronique de Morigny, et dans une épitaphe de Clovis que l'on conserva longtemps à Sainte-Geneviève de Paris comme un monument de la plus haute antiquité : mais la descente de la colombe est plus conforme au rituel du sacre et à l'opinion dominante, qui paraît se fonder sur les leçons d'Aymoin et d'Antonin, d'après le texte d'Hincmar.

Nous remarquerons que le grand sceau, le plus ancien de l'abbaye de Saint-Remi, portait pour effigie une colombe tenant en son bec une ampoule, ce qui prouverait que la version suivie dans le rituel est d'accord avec les premières traditions.

Mais comment se fait-il que la tradition la plus ancienne de ce prodige ne se concilie point avec le plus ancien des règlements qui l'ont consacré? Pourquoi le sceau de Saint-Remi nous indique-t-il une colombe, et le Formulaire de Louis VII un ange? D'où vient cette différence essentielle entre des témoignages du

---

dont parlent le patriarche Gabriel et Abulbircat, cités par dom Chardon dans son *His oire des Sacrements*. Outre l'huile et le suc de diverses fleurs, dit aussi dom Vert, *Cérém.*, t. I, les Grecs y font entrer la cannelle, l'ambre, le girofle, l'aloès, la muscade, le spinanardi, la rose rouge d'Irak, et beaucoup d'autres drogues qui ne sont pas spécifiées. Le même auteur ajoute que l'Eucologe des Grecs indique jusqu'à quarante espèces d'aromates et de parfums dont les évêques de cette communion font la base du saint chrême. L'Église latine n'emploie plus que du baume pur. Il n'y a que les missionnaires des pays où l'on ne peut se procurer cet aromate, à qui les canons permettent d'y substituer d'autres parfums.

même temps, qui ont dû dériver d'une même source? Cette contradiction dans les écrivains qui ont parlé de la sainte ampoule plusieurs siècles après son apparition ne serait pas moins inexplicable que le silence absolu des contemporains.

Le mode d'existence physique de ce chrême ne répondrait pas d'ailleurs à l'idée qu'on s'est formée de sa nature et de son origine. Le baume de la sainte ampoule avait tout le caractère d'un corps terrestre; il a subi le sort des choses humaines; il a éprouvé les altérations du temps et tous les accidents communs aux substances terrestres analogues : car il a changé de nature, s'il est d'origine divine; ou il n'a rien de divin, s'il a conservé sa première essence, puisqu'elle est d'une nature corruptible.

Le peuple, toujours porté à grossir le merveilleux et à se faire une idée exagérée des choses secrètes, croyait que la sainte ampoule n'éprouvait aucune diminution.

C'est un préjugé dont quelques historiens n'ont pas su se défendre [1], mais qui est connu et avoué depuis longtemps par les dépositaires mêmes de la relique [2]. La liqueur de Saint-Remi n'avait pas conservé son ancienne fluidité : elle était, en grande partie, desséchée ou fortement congelée, d'un rouge obscur, presque entièrement opaque, et réduite à la moitié de la capacité de la fiole, qui était de la grosseur d'une figue verte. Voici la description qu'en donne Marlot dans le *Théâtre d'honneur,* p. 267 :
« Il semble que cette fiole soit de verre ou de cristal, laquelle, pour être remplie d'une liqueur tannée, est peu transparente à la vue; sa grosseur est comme une figue d'une moyenne grandeur : elle a le col blanchâtre pour ce qu'il est vide; son bouchon est d'un taffetas rouge, et, si vous y appliquiez l'odorat, elle sent tout à fait le baume le plus exquis... La liqueur qu'elle contient n'est pas entièrement liquide, mais un peu desséchée, semblable à du baume congelé. Il y a bien diminution d'un tiers, et non plus.

» Largeur de l'ampoule, un pouce sept lignes.

» Largeur du col, sept lignes et demie.

---

[1] Notamment Froissart, qui dit, en parlant du sacre de Charles VI, que la sainte ampoule n'éprouvait aucune diminution.

[2] *Elle décroît à mesure qu'on en prend,* telles sont les propres paroles de Marlot, docteur en théologie et grand prieur de Saint-Nicaise de Reims.

» Largeur du fond, un pouce une ligne.

» Longueur de la colombe, hormis la tête, deux pouces huit lignes.

» Elle est posée sur un cadre d'argent doré, à l'exception de la plaque où elle est assise, qui est d'or semé de pierreries.

» Longueur du cadre, trois pouces dix lignes et demie.

» Largeur du cadre, trois pouces.

» Longueur de l'aiguille d'or avec quoi on prend l'onction, deux pouces onze lignes.

» Le cadre est sur une assiette d'argent doré, semée de pierreries, dont la bordure est d'or, où est attachée une chaîne d'argent que l'abbé met à son cou lorsqu'on la porte en la grande église pour le sacre... »

La profanation de la sainte ampoule, brisée par des mains impies, n'en fut pas moins un véritable scandale aux yeux des gens de bien. La sainteté du dépôt, le souvenir de sa destination, l'espèce de culte que lui vouèrent une longue suite de rois, cette auréole divine dont la ceignit la pieuse croyance de nos pères, tous ces antiques et religieux prestiges qui la rattachaient à la consécration du premier roi chrétien, n'ont pu la soustraire aux fureurs révolutionnaires. Un peu plus tard peut-être ils l'auraient protégée contre les atteintes de l'incrédulité, en faveur du nouveau pouvoir, et la France monarchique y aurait encore et longtemps respecté l'objet de la vénération de ses princes.

Il paraît que la sainte ampoule a échappé en partie à une destruction qu'on croyait entièrement consommée. Une lettre écrite par un fonctionnaire de Reims à M. Leber l'informe de cette particularité. On pourra lire cette lettre curieuse à la page 348 de son livre, savant et curieux à la fois. La note ci-bas nous a été donnée en communication, et elle est étrangère à l'ouvrage déjà cité.

NOTE COMMUNIQUÉE

« Le 25 janvier 1819, quinze témoins ont comparu devant M. de Chevrières, procureur du roi honoraire de Reims. M. Seraine, qui était curé de Saint-Remi de Reims, en 1793, déclara ce qui

suit : « Le 17 octobre 1795, M Hourelle, alors officier municipal
» et premier marguillier de la paroisse de Saint-Remi, vint chez
» moi et me notifia, de la part du représentant du peuple Ruhl,
» l'ordre de remettre le reliquaire contenant la sainte ampoule,
» pour être brisé. Nous résolûmes, M. Hourelle et moi, ne pou-
» vant mieux faire, d'extraire de la sainte ampoule la plus grande
» partie du baume qu'elle contenait. Nous nous rendîmes à
» l'église de Saint-Remi; je tirai le reliquaire du tombeau du
» saint, et le transportai à la sacristie, où je l'ouvris à l'aide d'une
» petite pince de fer. Je trouvai placée dans le ventre d'une co-
» lombe d'or et d'argent doré, revêtue d'émail blanc, ayant le bec
» et les pattes rouges, les ailes déployées, une petite fiole de
» verre de couleur rougeâtre d'environ un pouce et demi de hau-
» teur, bouchée avec un morceau de damas cramoisi ; j'examinai
» cette fiole attentivement au jour, et j'aperçus grand nombre de
» coups d'aiguille aux parois du vase ; alors je pris dans une
» bourse de velours cramoisi, parsemée de fleurs de lis d'or, l'ai-
» guille qui servait, lors du sacre de nos rois, à extraire les par-
» celles du baume desséché et attaché au verre ; j'en détachai la
» plus grande partie possible, dont je pris la plus forte, et je
» remis la plus faible à M. Hourelle. »

Suivent les détails des moyens employés par MM. Seraine et
Hourelle pour la conservation de leur dépôt; et ce témoignage a
été confirmé par les déclarations qu'ont faites les autres témoins.
Ces parcelles conservées ont été remises entre les mains de M. de
Coucy, dernier archevêque de Reims, qui les a réunies dans un
nouveau reliquaire qui a été placé dans le tombeau de saint Remi.

Ces détails, qui ont été publiés, paraissent ne devoir laisser
aucun doute sur leur authenticité et sur la vérité des faits qu'ils
contiennent.

NOTE CINQUIÈME

(Page 463)

Sois sacré! tu deviens, par ce royal mystère,
  Le maître de la terre,
  Le serviteur de Dieu.

A partir de la fin du quatorzième siècle, le sacre a constamment passé pour une cérémonie sinon indifférente, du moins indépendante de l'exercice de tous droits et de toutes prérogatives ultramontaines ou sociales. L'héritier du trône, saisi du titre de roi dès le ventre de sa mère, a toujours été réputé roi par la seule force et dans toute la plénitude de son droit héréditaire, sans que le défaut ou l'accomplissement de l'onction pût ni le fortifier, ni l'affaiblir, ni rien changer à l'effet de la puissance royale, avant comme après la solennité. Mais on a continué d'y respecter ce caractère auguste qu'y imprime la religion. Nous n'avons pas d'exemple qu'un roi de France ait dédaigné ou négligé de se conformer à cet antique usage, lors même qu'il a cessé d'être un sujet d'obligation politique, jusqu'au successeur de l'infortuné Louis XVI, qui était hors d'état de se faire sacrer. Il n'est pas un de nos princes qui ne se soit fait un pieux devoir d'appeler la bénédiction du ciel sur les prémices de son règne, et de courber publiquement son front aux pieds du souverain maître des empires et des rois. Jean Rely, dans un de ses discours aux états de Tours, en 1483, exprime ainsi son opinion au sujet du sacre : «La vertu de l'onction sacrée et des bénédictions sacerdotales et pontificales qui se font en la sainte église au couronnement des rois, quand ils sont dignement venus de lui, les fait régner en paix, en joie et en prospérité, avoir longue vie, grande gloire et invincible sûreté, protection et garde de Dieu, le créateur, et des benoîts anges, de laquelle le roi est environné, défendu et gardé, etc... »

LA CHUTE DU RHIN

A LAUFEN

LA CHUTE DU RHIN

A LAUFEN

PAYSAGE

C'était aux premiers feux de la naissante aurore ;
Le jour dans les vallons ne plongeait pas encore,
Mais, planant dans les airs sur ses pâles rayons,
Ne touchait que le ciel et les crêtes des monts.
Sur les obscurs sentiers de la forêt profonde,
Au roulement lointain d'un tonnerre qui gronde,
J'avançais ; de l'orage imitant le fracas,
Le tonnerre des eaux redouble à chaque pas :
Déjà, comme battus par les coups d'un orage,
Les arbres ébranlés secouaient leur feuillage,

Et les rochers, minés sur leurs vieux fondements,
Épouvantaient mes yeux de leurs longs tremblements.
Enfin mon pied crispé touche au bord de l'abîme;
Le voile humide épars sur cette horreur sublime
Tombe; je jette un cri de surprise et d'effroi :
Le fleuve tout entier s'écroule devant moi!
Ah! regarde, ô mon âme! et demeure en silence!
Nature, ah! qui pourrait parler en ta présence,
Quand sous ces traits divins, que ton Dieu t'a donnés,
Tu te montres sans voile à nos yeux étonnés?
Le poids de ta grandeur accable la pensée;
Le cœur fuit, l'œil se trouble, et la bouche oppressée,
Cherchant en vain le mot impossible à trouver,
O Dieu! jette ton nom et ne peut l'achever.

De rochers en rochers et d'abîme en abîme
Il tombe, il rebondit, il retombe, il s'abîme;
Les débris mugissants roulent de toutes parts;
Le Rhin sur tous ses bords sème ses flots épars;
De leur choc redoublé le roc gémit et fume;
Le flot pulvérisé roule en flocons d'écume,
Remonte, court, serpente; aux noirs flancs du rocher
Semble avec ses cent bras chercher à s'accrocher,
Sur les bords de l'abîme accourt, hésite encore;
Puis dans le gouffre ouvert, qui hurle et le dévore,
Réunissant enfin tous ses flots à la fois,
D'un bond majestueux tombe de tout son poids:
L'abîme en retentit, l'air siffle, le sol gronde;
Le gouffre, en bouillonnant, s'enfle et revomit l'onde;
Le fleuve, épouvanté, dans ses fougueux transports,
Retombe sur lui-même et déchire ses bords,
Et semble, en prolongeant un lugubre murmure,
De ses flots mutilés étaler la torture.

Et d'un cours insensé s'enfuyant au hasard,
En cent torrents brisés roule de toute part.
Tel un temple superbe inondé par la foule,
Sur ses vieux fondements tout à coup il s'écroule,
Un seul cri jusqu'au ciel s'élance ; tout s'enfuit ;
Le sol tremblant répond à cet horrible bruit ;
Les piliers ébranlés chancellent sur leur base ;
La voûte éclate et tombe, et les murs qu'elle écrase,
Roulant sur les parvis en immenses lambeaux,
De leurs débris fumants enfoncent les tombeaux ;
Sous un nuage épais de cendre et de poussière
L'astre du jour répand sa sinistre lumière ;
Et sur les champs voisins les décombres jetés
Laissent errer au loin les yeux épouvantés !

Tombe avec cette chute et rejaillis comme elle,
O ma pauvre pensée ! et plonges-y ton aile,
Comme l'oiseau du ciel qui vient en tournoyant
Enivrer son regard sur ce gouffre aboyant ;
Puis confonds dans l'horreur d'une extase muette
Ta faible voix au bruit que chaque flot lui jette,
Et que Dieu, qui là-haut écoute dans sa paix
L'écho majestueux des hymnes qu'il s'est faits,
Distingue avec bonté ton sourd et doux murmure
D'avec les mille voix de sa forte nature,
Entre ces éclats d'onde et ces orgues des bois,
A son accent pieux reconnaisse ta voix,
Et dise, en écoutant cette lutte touchante :
« Le fleuve me célèbre et l'insecte me chante ! »

UNE JEUNE FILLE

UNE JEUNE FILLE

Elle était dans cet âge où, près de se flétrir,
Cette fleur de beauté, qu'un printemps fait mûrir,
Semble inviter l'amour à cueillir ses délices
Avant qu'un jour de plus effeuille ses calices;
Age heureux de la grâce et de la volupté,
Qui confond en un jour le printemps et l'été.
La jeunesse mêlait sur ses lèvres écloses
Une tendre pâleur à l'éclat de ses roses.
Ses traits formés, dont l'ombre arrêtait le contour,
Ses yeux bleus où, perçant et voilé tour à tour,
L'astre dont le foyer est le cœur d'une femme
Laissait en longs éclairs jaillir toute sa flamme;

D'un sein plus arrondi les globes achevés,
D'un souffle égal et pur, abaissés, élevés ;
Et ses cheveux flottants, dont les tresses moins blondes
Jusque sur le gazon glissaient en larges ondes,
Mais dont l'or brunissant, de plus de feu frappé,
Ressemblait à l'épi que la faux a coupé :
Tout en elle annonçait ces saisons de tempête,
Ce solstice éclatant où la beauté s'arrête.
Un voile blanc, tissu du poil de ses brebis,
Pressait ses chastes flancs et, glissant à longs plis,
Dessinait les contours de sa taille superbe,
Et venait sous ses pieds se confondre avec l'herbe.
Aucun vain ornement, aucun luxe emprunté
N'altérait la candeur de sa pure beauté ;
Dédaignant d'un faux art les trompeuses merveilles,
L'opale ou le corail n'ornait pas ses oreilles,
Le rubis sur son front ne dardait pas ses feux,
L'or autour de son cou n'enlaçait pas ses nœuds,
Et ces lourds bracelets, qu'un vain luxe idolâtre,
De ses bras arrondis ne foulaient point l'albâtre :
Mais sur sa blanche épaule un ramier favori
Était venu chercher un amoureux abri ;
Il ventilait son cou d'un frémissement d'aile ;
Et, broutant le gazon qui croissait autour d'elle,
Deux agneaux, par sa voix sous ses yeux retenus,
Folâtraient sur sa trace et léchaient ses pieds nus :
Tels les plus doux objets qu'anima la nature
Suivaient Ève en Éden et formaient sa parure.

RÉFLEXION

RÉFLEXION

Oui, parmi ces mortels dont les races pressées,
Par la race nouvelle aussitôt remplacées,
Traversent tour à tour ce séjour des vivants,
Comme ces tourbillons balayés par les vents,
Toujours, partout, depuis la naissance des hommes
Jusqu'à l'épaisse nuit de l'époque où nous sommes,
Sur tous les horizons de ce vaste univers,
Mes yeux ont vu régner deux sentiments divers.
Les uns, en avançant dans cette obscure voûte
Que le destin muet étend devant leur route,
Promenant autour d'eux un sinistre regard,
Ont dit : « Qui sommes-nous?... les enfants du hasard,

Des fruits nés d'un printemps et tombant à l'automne,
Que prodigue la vie et que la mort moissonne;
Qui prenons pour l'esprit un instinct passager,
Un accent de nos sens qu'un choc peut déranger,
Et qui, pour s'élever à cet honneur suprême,
Emprunte tout du corps, tout, jusqu'à son nom même!
De nos propres désirs nous n'avons pas le choix:
Nos sens font nos besoins, nos besoins font nos lois;
Et, poussés par ces lois où leur force nous guide,
Le crime et la vertu ne sont rien qu'un mot vide,
Par l'espoir ou la peur une fois inventé,
Et que l'écho des temps d'âge en âge a porté.
Sur son Dieu l'homme en vain interroge le monde;
A sa voix suppliante il n'est rien qui réponde:
Prières sans vertu, vain soupir, vain effort!
Et qu'importe s'il est? Ne vois-tu pas qu'il dort,
Et que, trop loin de toi pour qu'il puisse t'entendre,
Il n'est pas pour celui qui ne peut le comprendre?
Son être à nos regards ne s'est point révélé:
En vain des bruits lointains disent qu'il a parlé,
Que du sommet des cieux ce roi de la nature,
D'un insecte rampant revêtant la figure,
Est descendu vers nous pour nous guider à lui:
S'il apparut jamais, pourquoi pas aujourd'hui?
Sur ce globe lointain s'il eût daigné descendre,
Par la voix du tonnerre il se fût fait entendre,
L'évidence eût frappé le doute confondu;
Si Dieu nous eût parlé, tout homme eût entendu.
Sous son doute écrasé, l'esprit humain retombe;
Sur notre sort futur interrogeons la tombe,
Un silence éternel nous répond. Ces débris,
Ce corps rongé de vers, ces ossements flétris,
Ces éléments épars d'une vile matière
Que le temps décompose et réduit en poussière,

Proclament-ils la vie et l'immortalité?
Tout me dit que la terre un moment m'a prêté
De ce feu qui l'anime une faible étincelle,
Que ma tombe lui rend ce que j'empruntai d'elle;
Que ce souffle de vie, exhalé sans retour,
Dans des êtres sans fin circule tour à tour;
Que, sans pouvoir jamais se joindre et se connaître,
De ce MOI qui n'est plus d'autres MOI vont renaître,
Qui, subissant ainsi l'unique loi du sort,
Passeront à jamais du néant à la mort.
Profitons donc du jour; vivons donc, si c'est vivre,
Sans nous inquiéter de la nuit qui va suivre.
La nature, à nos yeux voilant la vérité,
Dans nos sentiers du moins plaça la volupté;
Sous mille aspects divers sa main nous la présente.
Cueillons-la : tout notre être est dans l'heure présente.
Rien n'est mal, rien n'est bien; tout est peine ou plaisir,
Et la seule sagesse est de savoir choisir.
Sans remords, sans terreurs, buvons jusqu'à la lie
Ce nectar mélangé que nous verse la vie;
Et le soir, dans les bras de la sœur du sommeil,
Endormons-nous enfin sans songe et sans réveil ! »

Les autres, empruntant l'aile de l'espérance,
D'un monde harmonieux contemplant l'ordonnance,
Ces astres suspendus dans le vide des airs,
Croisant, sans se heurter, leurs orbites divers,
Et, comme aux sons marqués d'une sainte harmonie,
Dans tous leurs mouvements révélant leur génie;
Ces éléments, rivaux dans leur contraire essor,
Enfantant par leur lutte un merveilleux accord;
Les jours et les saisons revenant à leur heure
Éclairer, féconder notre errante demeure,

Ordre, beauté, puissance, en tout temps, en tout lieu,
Ont dit : « Voici la voix qui nous révèle un Dieu;
Son nom, partout écrit pour le regard des sages,
En vivant caractère éclate en ses ouvrages;
Avec les yeux du corps on le lit dans les cieux,
Avec les yeux de l'âme on le voit encor mieux;
Ses divins attributs, réfléchis dans notre âme,
Sont un sublime instinct dont l'écho le proclame.
C'est lui qui dans nos cœurs parle et dicte ses lois;
La juste conscience est sa seconde voix,
Et le remords rongeur, dont l'offense est vengée,
Est le cri qui trahit sa justice outragée.
Il parla dans Éden au père des mortels;
Chaque siècle en passant lui dressa des autels,
Où l'homme, le cherchant sous des formes sans nombre,
Dans sa pieuse erreur l'adora dans son ombre.
La sagesse en son nom dicta ses saintes lois,
Le prophète entendit et répéta sa voix,
Le passé fut partout sillonné de miracles,
L'avenir tout entier peuplé de ses oracles;
Un vague et noble instinct en tout lieu l'attendit.
Que dis-je? Au temps marqué son Verbe descendit,
Et de l'orgueil humain confondant l'espérance.
Vivant dans le travail, mourant dans la souffrance,
A l'univers déçu par son humilité
Enseigna la vertu plus que la vérité.
Sa loi brille toujours sur l'océan des âges.
Cependant ce fanal entouré de nuages,
Ou d'un jour mêlé d'ombre éclairant l'horizon,
N'empêcha pas l'erreur d'obscurcir la raison.
Il est vrai : mais si Dieu de torrents de lumière
Eût de sa créature ébloui la paupière,
A ses yeux sans bandeau s'il s'était révélé,
Avec l'accent d'un Dieu s'il nous avait parlé,

Détruisant de nos cœurs l'admirable équilibre,
L'homme, cessant d'être homme, eût cessé d'être libre,
Notre âme avec nos sens n'aurait pas combattu ;
Et sans la liberté que serait la vertu?
Exilés un moment sur la terre étrangère,
Pour combattre et mourir nous passons sur la terre.
Passons donc; vivons donc comme ne vivant pas,
Dans la fange du jour n'enfonçons point nos pas ;
Que nos biens passagers, que nos courtes délices,
Au Dieu qui nous les fit rendus en sacrifices,
D'un parfum de vertu embaument son autel.
Homme, le temps n'est rien pour un être immortel !
Malheur à qui l'épargne, insensé qui le pleure ;
Le temps est ton navire et non pas ta demeure ;
Vers le terme sans fin hâtons-nous de courir,
Foulons aux pieds ce monde et vivons pour mourir ;
La science, l'amour, la volupté, la vie,
Ces ombres des vrais biens que ton cœur sacrifie,
Comme un germe divin derrière toi jeté,
Refleuriront plus beaux, mais dans l'éternité! »

Ainsi de siècle en siècle, ainsi parlent nos frères.
La nature comme eux nous parle en sens contraires ;
L'espérance dit: « Oui ; » la nature dit : « Non. »
Nous entendons deux voix; mais laquelle a raison?
Je ne prononce pas sur ce sacré mystère ;
Quelle bouche dirait ce que Dieu voulut taire?
L'esprit humain, fendant la mer d'obscurité,
Trompé par chaque écueil, crie en vain : « Vérité ! »
Sur ces bords ignorés plane une nuit divine ;
Ce monde est une énigme : heureux qui la devine!...
L'énigme a-t-elle un mot? Pour moi, dussent mes yeux
N'en découvrir jamais le sens mystérieux ;

Dussent, après mes jours, la tombe et son silence
De ce rêve divin confondre l'espérance,
En m'enlevant le prix pour qui j'ai combattu,
M'apprendre que j'étais dupe de la vertu,
Pour ce Dieu que mon cœur se crée et qu'il adore,
Dans ma sublime erreur, j'immolerais encore
Et ce monde, et du temps la courte volupté,
A ce rêve doré de l'immortalité !

TABLE

DES MATIÈRES CONTENUES DANS CE VOLUME

SECONDES

HARMONIES POÉTIQUES

ET RELIGIEUSES

LIVRE PREMIER

	Pages.
I Encore un hymne.	5
Commentaire de la première Harmonie.	11
II Milly, ou la Terre natale.	17
Commentaire de la deuxième Harmonie	29
III Invocation du poète	33
IV Le Cri de l'ame.	39
V Hymne au Christ.	45
Commentaire de la cinquième Harmonie.	59
VI Le Trophée d'armes orientales.	63

TABLE DES MATIÈRES.

Pages.

VII Épitre a M. Sainte-Beuve, en réponse à des vers adressés par lui à l'auteur 67
    Commentaire de la septième harmonie. 75

VIII A une Fiancée de quinze ans. . . . . . : 79

IX Le Tombeau d'une mère. 85
    Commentaire de la neuvième Harmonie. 89

X Le Cadre; à madame de la Ch***. 93

XI Le Génie dans l'obscurité, à M. Reboul. 97
    Commentaire de la onzième Harmonie. 101

XII Pourquoi mon ame est-elle triste? 105
    Commentaire de la douzième Harmonie. 115

XIII La Retraite, Répons. M. Victor Hugo. 119
    Commentaire de la treizième Harmonie. 125

XIV Cantate pour les enfants d'une maison de charité, Récitatif. . . . : 129

LIVRE SECOND

I Hymne de la mort. 139
    Commentaire de la première Harmonie. 149

II La Fleur des eaux. 154

III Invocation pour les Grecs (1826). 159

IV La Voix humaine, à madame de B***. 165
    Commentaire de la quatrième Harmonie. 169

TABLE DES MATIÈRES.

		Pages.
V	Pour une quête.	173
VI	La Tristesse.	177
VII	Souvenir, à la princesse d'Orange.	181
VIII	Au Rossignol.	187
	Commentaire de la huitième Harmonie.	191
IX	Une Fleur, Mélodie.	195
X	Hymne de l'ange de la terre, après la destruction du globe.	199
	Commentaire de la dixième Harmonie.	207
XI	Les Saisons, à M. Cabarrus.	211
XII	Le Solitaire, Hymne.	217
XIII	Sur l'image du Christ écrasant le mal.	223
XIV	Le Premier Regret, Élégie.	227
	Commentaire de la quatorzième Harmonie.	235
XV	Le Grillon, Mélodie pour musique.	239
XVI	Novissima Verba, ou Mon âme est triste jusqu'à la mort.	245
	Commentaire de la seizième Harmonie, indiqué à tort comme *treizième*.	269
XVII	A l'Esprit-Saint, Cantique.	273
XVIII	La Harpe des cantiques.	281
XIX	Les Révolutions.	285

CONTRE LA PEINE DE MORT; au peuple du 19 octobre 1830.................................... 299
    Note...................................... 309

ÉPITRE A M. DE LAMARTINE, par M. Sainte-Beuve.. 313
RÉPONSE DE M. REBOUL, de Nîmes, à M. de Lamartine. 319
ODE A M. A. DE LAMARTINE, par M. Victor Hugo... 325

SAÜL

Tragédie biblique en cinq actes, écrite en 1818, et inédite...................................... 338

CHANT DU SACRE

Ou la Veille des armes...................... 443
    Note première........................... 473
    Note deuxième........................... 475
    Note troisième.......................... 477
    Note quatrième.......................... 479
    Note cinquième.......................... 485

LA CHUTE DU RHIN........................... 489
UNE JEUNE FILLE............................ 495
RÉFLEXION.................................. 499

FIN DU TROISIÈME VOLUME.

PARIS. — TYP. DE COSSON ET COMP., RUE DU FOUR-SAINT-GERMAIN, 43.

www.ingramcontent.com/pod-product-compliance
Lightning Source LLC
Chambersburg PA
CBHW071724230426
43670CB00008B/1115